すぐに役立つ

◆退職者のための◆
医療保険・生活保護・年金・介護保険のしくみと手続き

社会保険労務士 **林 智之** 監修

三修社

本書に関するお問い合わせについて
本書の内容に関するお問い合わせは、お手数ですが、小社
あてに郵便・ファックス・メールでお願いします。
なお、執筆者多忙により、回答に1週間から10日程度を
要する場合があります。あらかじめご了承ください。

はじめに

　定年制が設けられていない会社も存在はするものの、たいていの人は遅かれ早かれ「定年」を迎え、会社を退職することになります。日々の仕事における知識は経験に比例して増加するものの、退職した後のことについて、在職中に教えてもらうことは恐らくほぼないはずです。

　退職にあたり、まず不安になることは今後の生活保障でしょう。仕事による収入がなくなり、今後は国の年金制度に頼ることになります。また、加齢に伴い、自身や家族にまつわるさまざまな健康問題も浮上します。病気やケガをした時はどうするか、自身や家族が要介護状態になった場合、受けることのできるサービスやその申請方法など、不安や悩みはつきないものです。

　本書は、退職後に受けることのできる国の支援制度について、とくに需要が大きいとされる「医療・年金」を中心に解説しているのが特長です。まずは、会社を退職した際に行う手続きや、今後加入することができる保険サービス、定年後の再雇用を目的とする場合の手続きについてとりあげました。また、病気やケガをした場合に備えた医療制度の概要や給付の種類、給付を受けた場合の自己負担分など、医療にあたり必要とされる金額が明確になるよう、わかりやすく解説しました。

　そして、退職後の貴重な収入源となる公的年金について、基本となる老齢年金をはじめ、要件に応じた付加給付や難解とされる年金の併給、また年金受給者が死亡した場合の遺族年金についても解説しました。さらに、生活が困難になった場合の生活保護制度や税金の知識、介護制度や財産管理についても役立つ知識を網羅しています。

　本書が今後の生活における参考書となり、退職後の不安点が少しでも改善されれば幸いです。

監修者　社会保険労務士　林　智之

Contents

はじめに

序章　退職後の手続きと雇用保険のしくみ

1　退職前後に行う手続きについて知っておこう　　10
2　65歳までの雇用について知っておこう　　12
3　パートやアルバイトの社会保険や雇止めについて知っておこう　　14
4　離職者が受給する雇用保険の給付について知っておこう　　16
5　65歳未満の者の雇用継続と再就職を支援する給付　　19

第1章　病気やケガをしたときの医療保険のしくみ

1　退職すると医療保険はどうなるのか　　22
2　任意継続被保険者という制度がある　　25
　　書式　健康保険任意継続被保険者資格取得申出書　　27
3　被扶養者や特例退職被保険者になるという方法もある　　29
4　65歳以上の人が加入する医療保険制度とは　　31
5　国民健康保険について知っておこう　　33
6　国民健康保険制度の給付の種類について知っておこう　　35
7　国民健康保険の療養の給付と療養費について知っておこう　　37
8　保険外診療を受ける場合の自己負担について知っておこう　　40
9　医療費が高額になった場合の取扱いについて知っておこう　　42
10　医療と介護の両方が必要になる場合の取扱いについて知っておこう　　46
11　入院した場合の国民健康保険の給付について知っておこう　　48
12　国民健康保険の訪問看護療養費・移送費とは　　50

| 13 国民健康保険の加入者が死亡した場合の給付について知っておこう | 52 |
| Column　マイナンバー制度がはじまった！ | 54 |

第2章　年金受給のしくみと手続き

1 年金にはどんな種類があるのか	56
2 もらえる老齢基礎年金のしくみを理解しよう	59
3 老齢基礎年金の受給資格期間と特例について知っておこう	61
4 老齢基礎年金の繰り上げ・繰り下げについて知っておこう	63
5 もらえる老齢厚生年金のしくみを理解しよう	65
6 老齢厚生年金の支給開始時期について知っておこう	68
7 加給年金と振替加算について知っておこう	71
8 在職老齢年金について知っておこう	74
9 年金の併給やその他の給付との調整について知っておこう	77
10 60歳を過ぎても年金に加入できる制度を知っておこう	79
11 老齢年金をもらうための手続きを知っておこう	81
12 厚生年金の離婚分割について知っておこう	83
13 遺族年金について知っておこう	85
14 遺族年金はどの程度受給できるのか	89

第3章　生活保護のしくみと手続き

| 1 生活保護は最低限の生活を営むためのセーフティーネット | 92 |
| 2 扶養義務について知っておこう | 95 |

3　生活保護の受給をめぐる問題について知っておこう	97
4　一定の資産があるとどうなる	99
5　収入があると生活保護は受けられない	102
6　生活保護の申請ではどんな書類が必要なのか	104
7　申請手続きの流れはどうなっているのか	107
書式　保護申請書	110
書式　同意書	111
8　家庭訪問について知っておこう	112
9　福祉事務所に相談する	114
10　障害のある人が生活保護を受けるにはどうする	117
11　病気やケガをした場合の生活保護について知っておこう	119
12　申請についてこんな場合はどう対処すべきか	122
13　生活保護にはどんな種類があるのか	124
14　生活扶助について知っておこう	128
15　その他の扶助と勤労控除について知っておこう	132
16　実際にはどの程度の生活保護費がもらえるのか	140
17　就労支援や健康・家計管理に対する支援について知っておこう	142
18　受給後の生活が心配になったらどうする	144
19　生活困窮者自立支援法による支援について知っておこう	147

第4章　税金の計算方法と申告手続き

1　年金にも税金がかかる	150

2	退職者にも住民税や所得税がかかる	154
3	退職金にはどの程度の所得税がかかるのか	156
	書式 退職所得の受給に関する申告書	159
4	申告納税額の計算手順について知っておこう	160
5	所得控除・税額控除について知っておこう	162
6	確定申告について知っておこう	167
7	申告書の作成方法について知っておこう	169
	書式 確定申告書Ａ（第一表）	172
	書式 確定申告書Ａ（第二表）	173
Column	個人事業主と法人のどちらで開業するか	174

第5章 介護サービスのしくみ

1	介護保険のサービスを利用できる人について知っておこう	176
2	介護保険のサービスを利用できる対象はどんな人なのか	178
3	要支援・要介護とはどんな状態をいうのか	180
4	65歳以上の人が支払う保険料のしくみについて知っておこう	182
5	介護給付と予防給付について知っておこう	184
6	ケアプランを作成するサービスについて知っておこう	187
7	自宅で受けることができるサービスについて知っておこう	189
8	通所で利用するサービスについて知っておこう	193
9	短期間だけ入所するサービスについて知っておこう	195
10	有料老人ホームなどを利用するサービスについて知っておこう	196
11	福祉用具のレンタルや購入補助について知っておこう	200

12	住宅改修工事について知っておこう	202
13	施設に入所するサービスについて知っておこう	204
14	高齢者向けの住宅に入居するという選択肢もある	207
15	地域密着型サービスとはどんなサービスなのか	209
16	地域密着型サービスの内容について知っておこう	211
17	介護サービスを利用した時の利用料について知っておこう	216
18	地域支援事業について知っておこう	220
19	介護認定のしくみについて知っておこう	224
20	ケアプランについて知っておこう	227
21	契約を締結するときに注意すること	229

第6章 財産管理が必要になったときの制度

1	財産を管理するための方法にはどんなものがあるのか	232
2	成年後見制度とはどんな制度なのか	235
3	任意後見制度について知っておこう	239
4	財産管理委任契約・任意代理契約について知っておこう	242
5	信託を活用するという方法もある	245
6	遺言で財産を指定することもできる	249
	資料 遺言書作成の仕方	251
Column	病気やケガで障害を負った人に給付される年金	253

索引　　　　254

序章

退職後の手続きと雇用保険のしくみ

1 退職前後に行う手続きについて知っておこう

自分で手続きをしなければならない

● 雇用保険、年金、健康保険などやることはたくさんある

　退職者は、退職後の手続きに備えて退職前から準備をしておかなければなりません。

　退職者が退職前後に行う手続きと注意点は、図（次ページ）のとおりです。社会保険についてまず頭に入れておかなければならないことは、自分で請求しなければ、何ももらえないということです。たとえば65歳になれば自動的に年金が支給されるかというとそうではありません。一定の時期に必要な手続きをしなければ年金ももらえない、ということになってしまいます。

　年金については退職前に年金手帳の有無を確認しておきましょう。国民年金の種別変更手続きが必要な場合には市区町村役場に行き、手続きをする必要があります。不明なことや不安なことなどがあればそのままにせず、市区町村役場、年金事務所、健康保険組合などにこまめに問い合わせるようにしましょう。

　また、会社を辞めると、確定申告などの税金の手続きは自分で行わなければなりません。一方、再就職した場合には、前に勤めていた会社からもらった源泉徴収票を、新しく勤めた会社に提出すれば、前の会社の分もあわせて手続き（年末調整）をしてもらえます。確定申告をする場合は毎年2月16日から3月15日の間に、住所地を管轄する税務署で所定の手続きをすることになります。所得税の確定申告をすれば、同時に住民税の申告をしたことになりますので、改めて住民税の申告書を市区町村に提出する必要はなくなります。

■ 退職前後にしておく手続き

雇用保険	退職前	・退職後、失業せずに就職できるかどうかの見通しを立てる ・基本手当の金額の計算に使用するため、退職前6か月間の給与明細を保管する ・雇用保険被保険者証の有無を確認 ・離職票を確認（離職票はハローワークに提出する前にコピーをとっておくとよい）
雇用保険	退職後	・求職の申込みと受給資格決定 ・7日間の待期期間を経る ・4週間に一度ハローワークで失業の認定を受ける ・失業認定日から1週間程度で所定日数分の基本手当が支給される（自己都合の場合、3か月の給付制限期間はもらえない）
健康保険	退職前	・健康保険証の返却 ・退職後に加入する健康保険についての情報を集める ・健康保険証のコピーをとっておく
健康保険	退職後	・任意継続する場合、退職日の翌日から20日以内に協会けんぽまたは会社の健康保険組合で手続きをする ・国民健康保険に加入する場合、退職日の翌日から14日以内に、退職者の住所地を管轄する市区町村役場で手続きをする ・会社に申請して健康保険資格喪失証明書を入手する ・家族の被扶養者になる場合、退職日の翌日から5日以内に扶養者が扶養者の勤務先で手続きを行う
年金	退職前	・ねんきん定期便などで、加入期間や受給見込額に不審な点がないかを確認する ・年金手帳の有無を確認 ・年金加入歴の確認 ・年金見込額の試算（定年退職者）
年金	退職後	・60歳以上の老齢年金を受給できる退職者の場合、年金手帳を用意し、年金事務所に老齢給付の受給手続きを行う（裁定請求書の提出） ・国民年金の種別変更手続き
税金	退職前	・退職所得の受給申告書を作成
税金	退職後	・確定申告に必要な退職前に勤めていた会社に、源泉徴収票の発行を依頼する ・確定申告

序　章　退職後の手続きと雇用保険のしくみ

2 65歳までの雇用について知っておこう

60歳以下の定年年齢の定めは禁止されている

◉ 高年齢者雇用安定法ではどんな義務が課されているのか

　高年齢者雇用安定法（高年齢者等の雇用の安定等に関する法律）は、高齢者の雇用の安定や再就職の促進などを目的とした法律です。少子高齢化による超高齢社会という現状をふまえ、60歳を過ぎた労働者が65歳まで会社で働けるように、平成18年4月から改正高年齢者雇用安定法が施行され、おもに以下の点が変更されました。

・定年に関する制限（60歳未満の定年年齢の定めは禁止）
・高年齢者の雇用確保措置（65歳未満の定年年齢を定めている場合、①定年年齢の引上げ、②継続雇用制度の導入、③定年の廃止、のいずれかを講じる必要あり）
・高年齢者雇用推進者の選任（高年齢者の雇用措置推進を行う推進者の選任に務める必要あり）

◉ 継続雇用制度には再雇用制度と勤務延長制度の2つがある

　継続雇用制度とは、労働者の希望に応じて定年後も雇用を続ける制度のことで、労使協定を締結することで実施できます。

　継続雇用制度には、「再雇用制度」と「勤務延長制度」の2種類の方法があります。再雇用制度とは、定年になった労働者をいったん退職させ、その後再雇用する制度です。雇用形態は、正社員やパートタイマー、嘱託社員などを問いません。通常は、再雇用時の契約期間を1年間とし、1年ごとに労働契約を更新します。勤務延長制度とは、定年になった労働者を退職させず、引き続き雇用する制度です。雇用契約は消滅せず、継続して引き継がれます。

● 経過措置の適用により継続雇用の対象から外れることもある

　平成18年の法改正により、定年年齢を65歳未満に設定している企業には雇用確保措置の実施が義務付けられました。しかし、当初は労使協定で対象高年齢者の基準を定め、一部の者のみの継続雇用が認められていました。希望するすべての労働者が継続雇用されるとは限らないという状況を改善するため、高年齢者雇用安定法が改正され、平成25年4月以降は原則として「希望するすべての労働者」が継続雇用の対象になりました。

　ただし、経過措置として、平成25年3月31日までに労使協定を締結している場合は、対象となる高年齢者の年金受給開始年齢以降の期間に限り、その労使協定で定められた基準に沿って継続雇用の対象から外す措置をとることが認められています。

　たとえば、平成25年4月から28年3月の間に60歳で定年を迎える者の年金の受給開始年齢は61歳です。そのため、年金受給開始までに収入の空白期間を設けないよう、61歳までの間は継続雇用措置が必要です。しかし、61歳から65歳までの間は、経過措置としての基準が適用され、継続雇用の対象から外すことが可能です。

■ 経過措置のスケジュール

	年金の支給開始年齢	経過措置の適用が認められない労働者の範囲
平成25年4月1日から平成28年3月31日	61歳以降	60歳から61歳未満
平成28年4月1日から平成31年3月31日	62歳以降	60歳から62歳未満
平成31年4月1日から平成34年3月31日	63歳以降	60歳から63歳未満
平成34年4月1日から平成37年3月31日	64歳以降	60歳から64歳未満
平成37年4月1日以降	65歳以降	60歳から65歳未満

※　年金の支給開始年齢欄の年齢は男性が受給する場合の年齢を記載

3 パートやアルバイトの社会保険や雇止めについて知っておこう

正社員とは立場が異なることをふまえて準備をすべきである

● どんな場合に会社の社会保険が適用されるのか

　退職後、パートや嘱託など、正社員以外の形態で働くことになった場合に問題になるのが社会保険への加入です。

　とくに高齢になると、病気やケガについての不安が生じるため、「働いたとしても会社の健康保険に加入できるのか」というのは労働者本人にとっても重大な関心事だといえるでしょう。

　パートや嘱託社員の場合、必ず会社の社会保険が適用されるとは限りません。「1週間の所定労働時間が、当該事業所において同種の業務に従事する通常の労働者の所定労働時間および所定労働日数のおおむね4分の3以上である」ことを目安とし、労働状況などを総合的に考慮して、常用使用関係にあると認められるときに被保険者として扱われることになっています（昭和55年6月6日付厚生省〈当時〉内簡）。ただし、平成28年10月からはパートタイマーの社会保険加入要件が緩和される予定であり、①1週間の労働時間が、20時間以上である、②年収が106万円以上である、③月収が88,000円以上である、④1年以上の勤務期間が見込まれる、⑤従業員規模501人以上の企業である、の要件をすべて満たした労働者も社会保険に加入することが可能になります。会社の健康保険に加入できない場合、自営業者などを対象とする国民健康保険への加入を検討することになります。

　また、雇用保険については、次ページ図のとおり、「31日以上引き続いて雇用される見込みがあり、かつ、1週間の労働時間が20時間以上であること」の要件を満たせば雇用保険上の被保険者となりますが、65歳以後に新たに雇用された者は雇用保険の被保険者になることがで

きないという点には注意が必要です。

● パートや臨時社員の雇止め

　会社の退職後、パートや臨時社員など、いわゆる非正規雇用という形で働く場合、通常、「３か月」とか「６か月」といった期間を決めて契約をしていることが多いでしょう。このような契約を有期雇用契約といいます。パート従業員については期間満了による契約の打ち切り（雇止めといいます）がトラブルになることが多々あります。

　有期雇用契約の場合、期間満了に伴っていったん雇用関係は解消されます。問題は、期間満了後、何年にもわたって契約が更新されている場合です。経営者側としては更新の繰り返しのつもりだったとしても、何度も更新されている以上、労働者は雇用継続を当然期待するはずだからです。そこで、厚生労働省の通達により、契約を３回以上更新し、または雇入れの日から起算して１年を超えて継続勤務しているパート労働者や臨時社員については、雇止めをするにあたって解雇と同様に、30日前までに雇止めの予告をすることを求めています。労働者としては、安定した生活設計のために、契約更新の有無や可能性を確認しておくことが必要です。

■ パートタイマーと労働保険・社会保険の適用

保険の種類		加入するための要件
労働保険	労災保険	なし（無条件で加入できる）
	雇用保険	31日以上引き続いて雇用される見込みがあり、かつ、１週間の労働時間が20時間以上であること
社会保険	健康保険	パートタイマーの１日または１週間の労働時間と１か月の労働日数が、正社員のおおむね４分の３以上であることをひとつの目安とした上で、就労形態・職務内容といったその他の事情を総合的に検討して判断する
	厚生年金保険	

4 離職者が受給する雇用保険の給付について知っておこう

65歳を境に受給できる給付が異なる

● 失業した場合には雇用保険の手当を受給できる

　雇用保険とは、労働者が失業している期間について、国でなんとか面倒をみようという趣旨でできた公的保険制度です。

　雇用保険にはさまざまな種類の給付がありますが、被保険者が離職して失業状態にある場合に、失業者の生活の安定を図るとともに求職活動を容易にすることを目的として支給される給付を**求職者給付**といいます。求職者給付の中心となるのは一般被保険者に対する基本手当ですが、被保険者の種類に応じてさまざまな内容の給付が行われます。

　雇用保険の給付の支給対象（受給資格者）となるのは、雇用保険の制度に加入している事業所（適用事業所）で、一定期間（被保険者期間）、雇用保険の被保険者（雇用保険に加入している人のこと）として働いていた人だけです。雇用保険の被保険者には、一般被保険者、高年齢継続被保険者、短期雇用特例被保険者、日雇労働被保険者の4種類がありますが、高齢者の退職という観点からは一般被保険者と高年齢継続被保険者が重要です。

　一般被保険者とは、高年齢継続被保険者、短期雇用特例被保険者、日雇労働被保険者以外の被保険者のことで、ほとんどの場合、一般被保険者に該当します。ただし、一般被保険者として認められるためには1週間の所定労働時間が20時間以上で、31日以上雇用される見込みのある者として雇用されていることが必要です。

　一方、高年齢継続被保険者とは、65歳になる前から雇用されていた事業所に、65歳に達した後も引き続き雇用されている人のことです。

　このように、雇用保険では65歳より前と65歳以降で被保険者の概

念を区別しており、受給できる給付も異なります。

◉ 60歳から64歳までの間に離職した場合

　65歳になる前に離職した場合、「一般被保険者」として扱われます。雇用保険の一般被保険者であった者が離職し、失業した場合に国から支給される手当を基本手当といいます。いわゆる失業手当です。

　基本手当のしくみは「受給金額×給付日数」です。受給金額は、離職前6か月間に支払われた賃金に基づいて計算され、離職前の賃金（賞与を除く）の50％～80％程度の金額が支給されます。給付日数は

■ 基本手当の受給日数

●一般受給資格者の給付日数

離職時等の年齢 \ 被保険者であった期間	1年未満	1年以上5年未満	5年以上10年未満	10年以上20年未満	20年以上
全年齢共通	－	90日	90日	120日	150日

●特定受給資格者および特定理由離職者の給付日数

離職時等の年齢 \ 被保険者であった期間	1年未満	1年以上5年未満	5年以上10年未満	10年以上20年未満	20年以上
30歳未満	90日	90日	120日	180日	－
30歳以上35歳未満	90日	90日	180日	210日	240日
35歳以上45歳未満	90日	90日	180日	240日	270日
45歳以上60歳未満	90日	180日	240日	270日	330日
60歳以上65歳未満	90日	150日	180日	210日	240日

●特定受給資格者が障害者などの就職困難者である場合

離職時等の年齢 \ 被保険者であった期間	1年未満	1年以上
45歳未満	150日	300日
45歳以上65歳未満	150日	360日

序章　退職後の手続きと雇用保険のしくみ

離職理由、被保険者であった期間、労働者の年齢によって90日から360日の間で決定されます（前ページ図参照）。

図中の一般受給資格者とは、定年退職や自己の意思で退職した者のことです。特定受給資格者とは、事業の倒産、縮小、廃止などによって離職した者、解雇などにより離職した者のことです。また、就職困難者とは、身体障害者や知的障害者などに該当する者のことです。

基本手当の受給手続きは失業者の住所を管轄するハローワークで行います（退職した会社の所在地ではありません）。離職票や写真といった書類を提出し、失業と認定された場合に受給が可能です。ただし、離職理由によっては給付制限期間が設定されることもあります。

● 65歳以降に離職した場合は高年齢求職者給付金を受け取る

65歳以降に退職すると、高年齢継続被保険者扱いになり、失業等給付の種類は基本手当ではなく高年齢求職者給付金という一時金に変わります。65歳以上の高年齢継続被保険者が失業した場合は、受給できる金額は、65歳前の基本手当に比べてかなり少なくなり、基本手当に代えて、基本手当の50日分（被保険者として雇用された期間が1年未満のときは30日分）の給付金が一括で支給されます。

受給資格は、原則として離職の日以前1年間に、被保険者期間が6か月以上あることが必要です。高年齢求職者給付金を受ける手続きは、基本手当のときと同じです。給付金の受給期間は1年と決められています。求職の申込みの手続きが遅れた場合、失業認定日から受給期限までの日数分しか支給されません。手続きは早めにすべきです。

また、高年齢継続被保険者の失業の認定（失業していることを確認する手続きのこと）は、1回だけ行われます（一般の被保険者は失業期間の28日ごとに1回行うことになっています）。

認定日の翌日に再就職したとしても、支給された高年齢求職者給付金を返還する必要はありません。

5 65歳未満の者の雇用継続と再就職を支援する給付

高年齢雇用継続基本給付金と高年齢再就職給付金がある

◉ 失業を予防するための給付

　少子高齢化に伴う雇用情勢の変化の中で、労働者にさまざまな問題が起きています。加齢による労働能力の低下といった事情により、賃金収入が減少する、あるいはなくなることもあります。

　こうした状況を放置してしまうと、労働者の雇用の継続が困難となり、失業してしまうことも十分に考えられます。

　そこで、雇用保険では、「雇用の継続が困難となる事由」が生じた場合を失業の危険性があるものとして取り扱うことにしました。雇用の継続が困難となる事由が生じた場合に一定の給付を行うことによって、失業を未然に回避できるようにしたのです。これが**雇用継続給付**です。

　雇用継続給付には、高年齢者の雇用継続を目的とした高年齢雇用継続給付、育児休業後の職場復帰を支援することを目的とした育児休業給付、被保険者が家族（配偶者や父母、子など一定の家族）を介護するために、介護休業を取得した場合に支給される介護休業給付があります。退職を決意する前にこのような給付があることを知っていれば、安易に職を辞めずにすんだといったケースがあるかもしれません。本書では、以下、高年齢雇用継続給付について見ていきましょう。

◉ 高年齢雇用継続給付には2種類ある

　今後の急速な高齢者の増加に対応するために、労働の意欲と能力のある60歳以上65歳未満の者の雇用の継続と再就職を援助・促進していくことを目的とした給付が**高年齢雇用継続給付**です。

高年齢雇用継続給付には、①高年齢雇用継続基本給付金と、②高年齢再就職給付金の2つの給付があります。
① 　高年齢雇用継続基本給付金とは
　高年齢雇用継続基本給付金が支給されるのは、60歳以上65歳未満の一般被保険者です。被保険者（労働者）の60歳以降の賃金が60歳時の賃金よりも大幅に低下したときに支給されます。
　具体的には、60歳時点に比べて各月の賃金額が75％未満に低下した状態で雇用されているときに、下図のような額の高年齢雇用継続基本給付金が支給されます。図中のみなし賃金日額とは、60歳に達した日以前の6か月間の賃金の総額を180で割った金額のことです。
　高年齢雇用継続基本給付金が支給される期間は、原則として、被保険者が60歳に到達した日（60歳到達日）が属する月から65歳に達する日が属する月までの間です。
② 　高年齢再就職給付金とは
　雇用保険の基本手当を受給していた60歳以上65歳未満の受給資格者が、基本手当の支給日数を100日以上残して再就職した場合に支給される給付のことです。高年齢再就職給付金の支給要件と支給額については、高年齢雇用継続基本給付金と同じです。

■ 高年齢雇用継続基本給付金の支給額 ……………………………

支払われた賃金額	支給額
みなし賃金日額×30の　61％未満	実際に支払われた賃金額×15％
61％以上75％未満	実際に支払われた賃金額×15％から一定の割合で減らした率
75％以上	不支給

第1章

病気やケガをしたときの医療保険のしくみ

1 退職すると医療保険はどうなるのか

退職後も何らかの医療保険制度への加入が必要である

● 必ずどこかの公的医療保険制度に所属する

　医療保険制度には、個人で契約して加入する民間の医療保険制度と、国で定められた**公的医療保険制度**があります。

　そのうち、公的医療保険制度である**健康保険**は、健康保険組合や全国健康保険協会などの保険者が、保険制度の加入者やその被扶養者に対し、「業務外の病気やケガ、死亡、出産」に際して給付を行い、国民の健康と生活の安定を図るための制度です。

　健康保険は会社を退職すると加入資格を失うため、在職中に使用した保険証（健康保険被保険者証）を返却する必要がありますが、内容によっては退職後も受け続けることができる給付もあります。

　日本では「国民皆保険制度」をとっており、すべての国民は、いずれかの公的医療保険制度に属さなければなりません。そのため、退職などの理由で健康保険の資格を喪失した場合は、国民健康保険などの別の制度に加入する必要があります。

　退職前の健康保険制度をそのまま希望する場合は、任意継続被保険者の手続きが必要です。任意継続被保険者となる場合は、申込期間が限られていることが特徴です。具体的には、退職日の翌日から20日以内に、それまで加入していた健康保険の保険者との間で手続きをしなければなりません。なお、任意継続被保険者となった場合は、これまで会社と折半負担していた健康保険料は、その全額を自身で負担しなければなりません。また、退職後に失業期間を置かずに他の会社に就職する場合は、転職先の会社を通して全国健康保険協会または転職先の会社の健康保険組合が管掌する健康保険に加入します。

● 国民健康保険への加入の検討

　退職した場合、今後加入する医療保険を自身で選択する必要があります。通常の場合、再就職までの期間は、①任意継続被保険者、②国民健康保険、のいずれかの方法をとります。

　そのうち、②の国民健康保険を検討する場合は、まず支払うことになる保険料の確認が必要です。国民健康保険の保険料は、前年の所得に基づいて計算され、健康保険に比べると自身の保険料が安くなるケースが多くあります。

　しかし、健康保険と国民健康保険では給付内容が異なり、扶養家族の人数、住宅などの資産の有無などにより、かえって保険料が増える場合もあります。

　勤務先で健康保険に加入している場合は、被保険者本人が保険料を納めれば、配偶者や子どもなどの被扶養者は、保険料の負担なく健

■ 退職後の健康保険

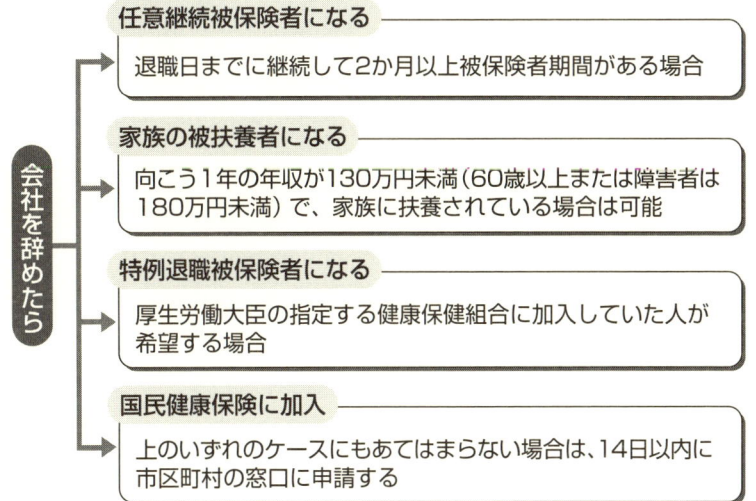

第1章　病気やケガをしたときの医療保険のしくみ

康保険の各種給付を受けることができました。しかし、国民健康保険に加入した場合、本人・配偶者・子どもなどの家族全員が個々で被保険者となるため、それぞれに保険料がかかります。ただし、同居している場合でも、別々の健康保険に加入している者については除外されるので注意が必要です。

　このように、医療保険はそれぞれの制度によって保険料や給付内容が異なります。自身や家族の健康状態などをよく考えて決めることが非常に重要です。

● 勤め先との関係でどんな点に注意すればよいのか

　従業員が退職する場合、加入している医療保険の保険者が退職者についての退職手続きを行います。保険者とは、保険制度を運営し、保険料の徴収や保険給付を行う事業主体のことです。健康保険の保険者には、全国健康保険協会と企業団体等が設立した健康保険組合があります。

　退職手続きは、全国健康保険協会管掌であれば年金事務所、組合管掌ではそれぞれの健康保険組合の事務所が窓口となり、事業主や担当者が手続きをします。一方、国民健康保険の手続きの窓口は、住所地の市区町村役場です。会社の退職後に国民健康保険に加入する場合、退職日の翌日から14日以内に住所地にある市区町村役場の国民健康保険窓口に「国民健康保険被保険者資格取得届」を提出します。

　健康保険の「資格喪失証明書」など、退職を証明できる書類の添付が必要になる場合もあるため、退職前に国民健康保険窓口に確認し、あらかじめ会社から取り寄せておきましょう。

　また、退職後にも、加入していた保険制度に関する手続きが必要となる場合があります。念のため、全国健康保険協会や健康保険組合など、退職前の健康保険証に記載されている記号番号、年金事務所や健康保険組合の住所・電話番号などを控えておくと安心です。

2 任意継続被保険者という制度がある

退職後も2年間健康保険に加入することができる制度

◉ 任意継続の保険料には上限がある

　健康保険には、退職後も在籍していた会社の健康保険制度に加入することが可能な**任意継続被保険者**という制度があります。

　退職日まで被保険者期間が継続して2か月以上あれば、被保険者資格を喪失してから2年間、任意継続被保険者になることができます。

　任意継続被保険者になるための手続きは、会社を通さずに行います。個人で、在職中に加入していた健康保険に継続して加入の申し出をします。

　任意継続被保険者となった場合は、在職中と同じく健康保険の給付を受けることができます。ただし、生活保障として支給される「傷病手当金」の給付を受けることはできません。また、在籍中は、会社が保険料の半分を負担していましたが、任意継続後は、全額を自己負担することになり、負担する保険料の金額が倍増します。

　任意継続においては、保険料に上限があるのがポイントです。上限額は保険者によって異なりますが、全国健康保険協会管掌健康保険では標準報酬月額28万円の場合の保険料が上限になります（東京都の

■ 任意継続被保険者の手続き

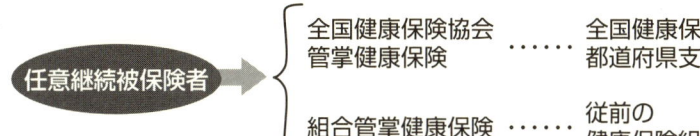

第1章　病気やケガをしたときの医療保険のしくみ　25

介護保険第2号被保険者該当者の場合、平成27年9月分の時点では、27,916円）ので、在職中の保険料がこの上限を超えていた者や被扶養者の多い者は、国民健康保険を選択するよりも保険料が安くなることもあります。

　かつては、55歳以上58歳末満の者は、年金受給などの区切りとなる60歳に達するまで任意継続被保険者として加入できました。しかし、現在は任意継続被保険者となることのできる期間は限られており、年齢に関係なく最長2年間とされています。

● 保険料の納付が1日でも遅れると資格を失う

　任意継続被保険者になるためには、退職日の翌日から20日以内に、「健康保険任意継続被保険者資格取得申出書」を保険者（全国健康保険協会の都道府県支部または各健康保険組合）に提出しなければなりません。

　毎月の保険料は、月初めに送付される納付書で原則として毎月10日までに納付することになります。納付方法は、コンビニエンスストア、一部金融機関窓口、一部金融機関ATM、インターネットバンキングの他、口座振替を選択することもできます。また、6か月分、12か月分および任意継続被保険者となった翌月分から9月分まで（または3月分まで）を前納することができます。

　毎月の保険料の納付が1日でも遅れると、原則として被保険者資格がなくなり、任意継続被保険者の資格を喪失します。任意継続は、年齢に関係なく最長で2年間です。

　任意継続被保険者になった場合は、その資格を継続する間は保険料が変わりません。これに対して、市区町村によって運営されている国民健康保険の保険料は前年の所得などによって毎年変動します。したがって、退職した年は任意継続の保険料の方が低額の場合でも、次年度以降には国民健康保険の保険料が低額になるケースがあります。

書式　健康保険任意継続被保険者資格取得申出書

● 退職後は、健康保険の給付を受けることができるのか

　健康保険には、会社を辞めた時などにその資格を喪失した場合でも、在職中の健康保険給付をそのまま受けることができる場合があります。
　資格喪失後に受給できる給付には、労務不能による休業時の生活保障のために支給される「傷病手当金」や、被保険者が死亡時に支払われる「埋葬料」または「埋葬費」などです。
　傷病手当金は、退職の際にすでに支給を受けているか、または、支給を受けられる状態であったことが支給要件になります。つまり、療養による休業中に報酬を受け取っており、傷病手当金の支給がカットされていたケースや、退職日当日に有給休暇を取得していたケースなども含まれます。
　ただし、傷病手当金の給付を受給できるのは、資格喪失日の前日まで「1年以上継続して」健康保険の被保険者であった者です。また、任意継続期間中に傷病手当金の受給要件が発生した場合は受給することができません。ただし、在職中に受給要件を満たしていれば、任意継続期間中の者や、国民健康保険に加入している者であっても、傷病手当金を受給することが可能です。
　また、退職後に傷病手当金を受給する場合、その受給期間中は雇用保険制度による基本手当（失業手当）を受給することはできません。この場合、ハローワークへ基本手当の受給期間延長の申し出を行えば、傷病手当金の受給期間分の期間を延長することができます。
　一方、埋葬料、埋葬費の給付が受給できるのは、①資格喪失後3か月以内に死亡したとき、②資格喪失後の傷病手当金・出産手当金の継続給付を受けている、または受けなくなって3か月以内に死亡した場合、のいずれかのケースに該当した場合です。
　埋葬料・埋葬費については、任意継続被保険者の資格を喪失した場合であっても、通常の資格喪失と同様の基準で受給できるかどうかを判断します。

3 被扶養者や特例退職被保険者になるという方法もある

加入にはそれぞれ収入などによる要件が設けられている

● 妻または夫の扶養扱いにしてもらう方法もある

　健康保険制度は、保険の加入者である被保検者だけではなく、その被扶養者も給付の対象としている点に大きな特徴があります。

　したがって、退職後に次の就職先が見つかるまでの期間に１か月以上の空白期間がある場合、もしくは転職後の収入が低額で、130万円を切るのではないかと予想される場合などは、家族が被保険者になっている健康保険の被扶養者になるという方法が有効です。

　扶養加入の手続きは、被保険者である家族が勤める勤務先に加入の申し出を行い、届出書を提出してもらうことで行うことができます。届出書の提出後は、通常の場合は１週間程度で被扶養者としての健康保険証が郵送されます。ただし、４～５月の春先は、人事異動や新入社員が増加することから行政が繁忙期となるため、保険証の到着に時間がかかる可能性があります。

　家族の扶養に入った場合、これまで自身が負担していた毎月の社会保険料がかからなくなり、自身で国民年金に入る必要もなくなるため、世帯全体で見れば非常に経済的です。また、配偶者の場合は被扶養者である期間も年金納付期間とみなされるため、将来支給される年金額が減額されることもありません。

　健康保険の被扶養者と認められる場合は、たとえば被保険者の３親等内の親族や、配偶者の父母や子などが挙げられます。また、配偶者については、内縁関係の者の場合も、扶養者に含まれます。

　また、被扶養者と認められるためには、たとえば年金などを受け取っていれば年金額も合計して130万円未満、60歳以上または障害者

第１章　病気やケガをしたときの医療保険のしくみ　29

の場合は180万円未満の収入であること、というような所得における制限があります。

ただし、雇用保険から失業等給付を受けている場合は、受給金額によっては被扶養者になれないことがあるため、注意が必要です。

◉ 特例退職被保険者にはどんな場合になれるのか

特例退職被保険者制度は、自力で退職者医療制度を執り行うことを可能な、財政状態のよい「特定健康保険組合」が行う制度です。

健康保険組合における制度であるため、特例退職被保険者は当然のように健康保険が適用されます。在職中の健康保険が、厚生労働大臣の指定する特定健康保険組合の管掌する健康保険であれば「特例退職被保険者」として、退職後も健康保険の被保険者であり続けることができます。

特例退職被保険者になれるかどうかの判断は、①健康保険組合の加入期間が20年以上か、②厚生年金を受給しているか、などの特定健康保険組合の約款により行われます。

なお、任意継続被保険者になる場合は、同時に特例退職被保険者になることはできません。

特例退職被保険者は、健康保険の一般被保険者と基本的に同様の給付を受けることができます。ただし、給与を受けることができない期間の生活保障として給付される「傷病手当金」と「出産手当金」を受給することはできません。

また、個々の健康保険組合が定める約款にもよりますが、付加給付についても、一般被保険者と同様の給付を受けることができるケースが多いようです。

なお、少子高齢化の影響で被保険者の医療費が増加したため、健康保険組合の財政は全国的に圧迫傾向にあります。そのため、特例退職被保険者制度を廃止する健康保険組合も増えています。

4 65歳以上の人が加入する医療保険制度とは

64歳以前の人とは異なる医療保険制度が適用される

● 64歳以前の人とは取扱いが変わる

　65歳以上の人の公的医療保険については、平成20年4月から施行されている高齢者の医療の確保に関する法律（高齢者医療確保法）により、64歳以前の人とは異なる医療保険制度が適用されています。

　具体的には、65歳から74歳までの人を対象とした前期高齢者医療制度と、75歳以上（言語機能の著しい障害など一定の障害状態にある場合には65歳以上）の人を対象とした後期高齢者医療制度（長寿医療制度）が導入されています。

● 前期高齢者医療制度とは

　前期高齢者医療制度とは、65歳〜74歳の人を対象とした医療保険制度です。前期高齢者医療制度は後期高齢者医療制度のように独立した制度ではなく、制度間の医療費負担の不均衡を調整するための制度です。

　したがって、65歳になったとしても、引き続き今まで加入していた健康保険や国民健康保険から療養の給付などを受けることができます。ただし、保険者が居住する市区町村へと変わるため、就労中の場合は給料からの介護保険料の天引きがなくなります。

　医療費の自己負担割合については、69歳まではそれまでと同様に3割ですが、70歳の誕生月の翌月からは原則として2割となり、1割引き下げられます。ただし、70〜74歳の者であっても、一定以上の所得者（課税所得145万円以上の者）の場合には自己負担割合は3割です。

● 後期高齢者医療制度とは

　後期高齢者医療制度とは、75歳以上の人に対する独立した医療制度です。国民健康保険や職場の健康保険制度に加入している場合でも、75歳になると、それまで加入していた健康保険制度を脱退し、後期高齢者医療制度に加入します。75歳以上の人の医療費は医療費総額中で高い割合に相当するため、保険料を負担してもらうことで、医療費負担の公平化を保つことが、この制度が作られた目的です。

　後期高齢者医療制度に加入する高齢者は、原則として、若い世代よりも軽い1割負担で病院での医療を受けることができます。利用者負担の金額が高額になった場合、一定の限度額（月額）を超える額が払い戻されます。医療保険と介護保険の利用者負担の合計額が高い場合にも、一定の限度額（月額）を超える額が払い戻されます。

　後期高齢者医療制度については、制度開始直後はその内容をめぐって批判が噴出し、制度そのものの廃止が真剣に議論されるほどでした。しかし、当面は、拠出金の負担方法を見直すなど、制度のあり方を検討しつつ、現行制度の手直しをしながら継続されるものと見られています。

■ 高齢者の医療費の自己負担割合

70歳／75歳

- 国民健康保険
- 健康保険（協会・組合）
- 共済組合

自己負担割合：原則2割
（一定の所得がある場合、自己負担割合は3割）

後期高齢者医療制度

公費　5割

現役世代からの支援　4割

高齢者の自己負担　1割

5 国民健康保険について知っておこう

加入対象者と保険料の決定方法が健康保険とは異なる

● 国民健康保険の特徴

　国民健康保険とは、社会保障や国民の保健を向上させるために設けられた医療保険の制度で、略して「国保」とも呼ばれています。

　加入者である被保険者の負傷、疾病、出産、死亡などに関して、国民健康保険法に基づいた給付が行われます。

　国民健康保険と、公的保険制度である健康保険のもっとも大きな違いは、加入対象者と保険料の決定法です。国民健康保険の加入対象は、健康保険や船員保険などが適用されない農業者、自営業者、そして企業を退職した年金生活者などで、現住所のある市区町村ごとに加入します。もともとは「組合」ごとの運営制度でしたが、昭和36年度までにすべての市町村での運営が義務付けられました。健康保険のように扶養制度がなく、人数に応じて保険料を納める必要があります。

　手続きの期限は、原則として退職後14日以内です。国民健康保険料の料率は市町村により異なり、被保険者の前年の所得や世帯の人数などを加味した上で定められます。

　国民健康保険の給付は、基本的には会社員の加入する健康保険とほぼ同じで、具体的な給付内容は図（次ページ）のとおりです。

　しかし、国民健康保険はもともと自営業者を対象とした医療制度であるため、休業時の補償を行うという概念がありません。したがって、一部の給付が行われない場合があります。たとえば、疾病により休業した場合の補償として給付が行われる「傷病手当金」や、出産前後の休業補償として給付が行われる「出産手当金」などの制度は、国民健康保険制度では給付の有無は任意で、義務付けられてはいません。

なお、下図の「特別療養費」とは、保険料を滞納したため被保険者証を返還することになった場合の保険給付です。被保険者証の返還後に診療を受けた場合は全額を自身で支払う必要があり、申請を行う事で後日特別療養費として給付額の払戻しを受けることができます。
　また、国民健康保険の運営主体は各市町村であるため、健康保険の場合と異なり自治体により保険料の料率が異なります。料率の求め方は、前年の所得や世帯の人数などを加味した上で算出されます。また、健康保険のように扶養制度がなく、人数に応じて保険料を納める必要があります。なお、国民健康保険の保険給付などに不服がある場合は、国民健康保険審査会に審査請求を行うことができます。

■ **国民健康保険の給付内容**

種類	内容
療養の給付	病院や診療所などで受診する、診察・手術・入院などの現物給付
入院時食事療養費	入院時に行われる食事の提供
入院時生活療養費	入院する65歳以上の者の生活療養に要した費用の給付
保険外併用療養費	先進医療や特別の療養を受けた場合に支給される給付
療養費	療養の給付が困難な場合などに支給される現金給付
訪問看護療養費	在宅で継続して療養を受ける状態にある者に対する給付
移送費	病気やケガで移動が困難な患者を医師の指示で移動させた場合の費用
高額療養費	自己負担額が一定の基準額を超えた場合の給付
高額医療・高額介護合算療養費	医療費と介護サービス費の自己負担額の合計が著しく高額となる場合に支給される給付
特別療養費	被保険者資格証明書で受診した場合に、申請により、一部負担金を除いた費用が現金で支給される
出産育児一時金	被保険者が出産をしたときに支給される一時金
葬祭費・葬祭の給付	被保険者が死亡した場合に支払われる給付
傷病手当金	業務外の病気やケガで働くことができなくなった場合の生活費
出産手当金	産休の際、会社から給料が出ないときに支給される給付

6 国民健康保険制度の給付の種類について知っておこう

法定必須給付・法定任意給付・任意給付の3種類がある

◉ 給付は3種類に分類される

　健康保険は公的な医療制度であり、その内容は健康保険法により詳細にわたり定められています。要件に応じて支給される給付の内容は、すべて保険者である全国健康保険協会または健康保険組合が必ず行わなければならないものです。

　しかし、国民健康保険制度の場合は、健康保険のように法で定められた給付の他に、支給が法律で義務付けられておらず、場合によっては支給の全部または一部を行わなくてもよいものがあります。

　具体的には、①法定必須給付、②法定任意給付、③任意給付、の3種類に分類されています。

◉ 法定必須給付とは

　健康保険の給付と同じく、法律によって給付を行うことが義務付けられている給付のことで、①療養の給付等、②特別療養費、の2種類が含まれます。

① 療養の給付等

　療養の給付等とは、健康保険と同じく、加入者がケガや病気のために医療機関にかかった場合に行われる給付のことです。

　具体的には、療養の給付、入院時食事療養費、入院時生活療養費、保険外併用療養費、療養費、訪問看護療養費、移送費、高額療養費、高額介護合算療養費が法定必須給付と定められています。

② 特別療養費

　特別療養費とは、被保険者証を持たない加入者が受けることので

きる給付のことです。

　国民健康保険制度の加入者が保険料を、1年を超えて滞納した場合、被保険者証の返還が求められます。そして、返還された被保険者証の代用として「被保険者資格証明書」が発行されます。

　被保険者資格証明書を持つ加入者が医療機関にかかった場合、療養の給付等の提供を「現物支給」として受けることはできません。ただし、いったん医療費を全額払いした後に「償還払い」を受けることができます。なお、滞納状態が1年6か月を超えた場合は、保険給付の支払いが差し止められ、より厳しい措置がとられることになります。

◉法定任意給付とは

　条例または規約によって行う給付のことで、特別な理由がある場合は給付の全部または一部を支給しないことが許されているものです。

　具体的には、出産育児一時金、葬祭費、葬祭の給付の3種類です。出産や死亡時にかかった費用の補助として支給される一時金が、法定任意給付の対象とされています。

◉任意給付とは

　給付の実施が義務付けられておらず、条例や規約を定めることにより実施することができる給付のことです。

　具体的には、傷病手当金と出産手当金の2種類です。これらの給付は、どちらも「就労することができない・就労していない」ために給与が得られない期間の生活保障として支給される手当金です。

　国民健康保険は、もともとは、農業従事者や自営業者を対象として定められた医療制度です。農場従事者や自営業者は、そもそも社長に雇用される労働者ではありません。したがって「就労不可能」という概念がないため、これらの手当金の支給については健康保険とは扱いが異なり、任意とされています。

7 国民健康保険の療養の給付と療養費について知っておこう

健康保険と同様に年齢や所得に応じて一部負担金が異なる

● 70歳～74歳は2割負担するのが原則

　国民健康保険の加入者は、業務外の病気やケガなどについて病院や診療所などで受診した場合などに給付を受けることができます。また、保険薬局で薬を調剤してもらった場合も、給付を受けることが可能です。これらの給付を**療養の給付**といいます。

　療養の給付の対象範囲は、下図のとおりです。ただし、療養の給付は医療費の全額を負担するのではなく、かかった治療費などの一定の割合を自分で負担する必要があります。療養の給付にかかった費用のうちのこの自己負担分を**一部負担金**といいます。

　一部負担金の割合は、健康保険法と同じく年齢や所得に応じて異なります。たとえば、70歳未満の人の場合は利用料の3割が自己負担

■ 療養の給付の範囲

	範　囲	内　容
①	診察	診断を受けるための各種の行為
②	薬剤、治療材料の支給	投薬、注射、消耗品的な治療材料など
③	処置、手術　その他の治療	その他の治療とは、理学的療法、マッサージなど
④	居宅における療養上の管理とその療養に伴う世話その他の看護	寝たきりの状態にある人などに対する訪問診療、訪問看護
⑤	病院または診療所への入院とその療養に伴う世話その他の看護	入院のこと。入院中の看護や食事の支給は入院診療に含まれる

※業務災害・通勤災害による病気やケガの治療、美容整形、一般的な健康診断、正常な妊娠、出産などは療養の給付の対象とはならない

ですが、70歳～74歳の人の場合は生年月日により割合が異なるので注意が必要です。具体的には、平成26年3月31日以前に70歳となった場合は1割、4月1日以降に70歳となった場合は2割負担です。ただし、70歳～74歳の人の場合でも「一定の所得」がある人は3割負担となります。一定の所得とは、課税所得が145万円以上、年収合計が単身世帯で383万円以上、複数世帯で520万円以上の者のことです。

● 療養の給付についての注意点

　国民健康保険における療養の給付の内容は、健康保険制度とほぼ同じです。

　ただし、国民健康保険の場合は、世帯内の一人ひとりが加入者となるため、健康保険制度における「家族療養費」などの、加入者の家族に対する給付は行われません。

　なお、業務外の病気やケガで入院が必要となる場合には、入院時の生活費用として「入院時生活療養費」を、入院時の食費として「入院時食事療養費」を、それぞれ入院日数や所得状況に応じて定められた一部負担金を支払うことで、入院治療を受けることができます。

● 療養費はやむを得ない場合の現金給付

　国民健康保険では、健康保険と同じく、病気やケガなどの保険事故に対して療養の給付を行い、診療や調剤という形で現物給付することが原則となっています。

　しかし、療養の給付を行うことが困難であると認められた場合や、加入者が保険医療機関・保険薬局以外の医療機関・薬局で診療や調剤を受けたことにつきやむを得ない事情であると認められた場合は「療養費」として現金が給付されます。療養費の給付を受ける場合は、いったん医療機関の窓口で全額を支払い、後ほど現金の払戻しを受ける、という形をとります。

● その他国民健康保険が効かない薬や治療もある

　国民健康保険は、加入者の社会保障や健康の維持のため、さまざまな負傷や疾病に関する保険給付を行っています。しかし、治療内容や調剤の中には、国民健康保険制度ではカバーすることができないものもあります。

　たとえば、**差額ベッド代**などが挙げられます。差額ベッド代とは、差額室料とも呼ばれるもので、病気やケガで入院する場合に「気を遣いたくない」などの理由から、個室もしくは少人数制の病室を希望した場合にかかる費用のことです。この差額ベッド代が必要となる病室は、原則として個室〜４人までの部屋のことで「特別療養環境室」といいます。このような病室を選択することは、病気やケガの治療行為とは直接の関係がなく、よりよい環境を求めて行う行為であることから、保険の適用外とされています。

　ただし、保険の適用が効かない場合は、あくまでも「患者（加入者）自身が特別療養環境室を希望した場合」に限られます。そのため、たまたま病室に空きがなかった場合や、病院側の事情で特別療養環境室へ通された場合は、差額ベッド代を支払う必要はありません。

　また、国民健康保険の適用外とされる薬もあります。たとえば、美容外科で処方されるシミ対策クリームなどです。シミは、日常生活に支障をきたす疾病とは考えられないため、保険の適用からは除外されています。また、同様の理由で男性のED治療薬（バイアグラなど）や、脱毛症に対する薬も対象外です。

　なお、禁煙を促進するための治療薬については注意が必要です。原則としてこれらの薬は保険の適用外とされていますが、禁煙治療を行う医療機関で治療を受ける場合は、保険が認められる場合があるため、処方を受ける場合は事前に保険の有無を確認することが重要です。

8 保険外診療を受ける場合の自己負担について知っておこう

評価療養・選定療養には保険診療との併用が認められる

● 保険外併用療養費とは

　国民健康保険では、保険が適用されない保険外診療があった場合、保険が適用される診療も含めて医療費の全額が自己負担になるため、保険診療と保険外診療を併用することは認められていません。

　ただし、保険外診療を受ける場合でも、厚生労働大臣によって定められた評価療養（高度な医療技術を駆使した療養）と選定療養（高度な医療技術を駆使した療養）については、保険診療との併用が認められています。この場合、通常の治療と共通する部分（診察・検査・投薬・入院料など）の費用は国民健康保険における一般の保険診療と同様に扱われ、自己負担分については一部負担金を支払います。そして、残りの額は**保険外併用療養費**として給付が行われます。また、健康保険の場合は、被扶養者の保険外併用療養費にかかる給付について家族療養費として給付が行われますが、国民健康保険には被扶養者という概念がないため、家族療養費として保険外併用療養費の給付が行われることはありません。

　また、加入者が、介護保険法で指定される指定介護療養サービスを行う療養病床などに入院している患者は、介護保険から別の給付の受給が可能になるため、国民健康保険による保険外併用療養費の支給は行われません。

　評価療養や選定療養は、国民健康保険において負傷・疾病などで療養を受けるにあたり、希望する療養の内容や環境をより幅広い選択肢の中から選ぶことを可能にし、国民の利便性を高めるための制度です。

　評価療養とは、まだ医学的にどのような価値があるかが具体的に

定まった状態ではない新しい高度医療や新薬などを使った療養のことで、将来的に国民健康保険に導入されるかが評価されます。たとえば、薬価基準収載前の承認医薬品の投与、保険適用前の承認医療機器の使用、薬価基準に収載されている医薬品の適応外使用などが含まれます。

一方、選定療養とは、療養のために整えられた特別な環境などを患者自身が希望し、選択する療養のことです。たとえば、個室の病室や予約診療、時間外での診療、紹介状なしの大病院受診、保険認定内容以上の医療行為などが挙げられます。その他、200床以上の病院の未紹介患者の初診や再診、制限回数を超える医療行為、180日を超える入院、前歯部の材料差額、金属床総義歯なども選定医療に含まれます。

● 具体的な計算例

たとえば、総医療費が120万円で、うち先進医療についての費用が30万円の場合、先進医療についての費用30万円は全額が患者負担、通常の治療と共通する部分（診察、検査、投薬など）については7割の63万円分が保険給付として給付され、残りの27万円が自己負担となります。したがって、30万円＋27万円＝57万円が自己負担分です。

■ 保険外併用療養費が支給される範囲

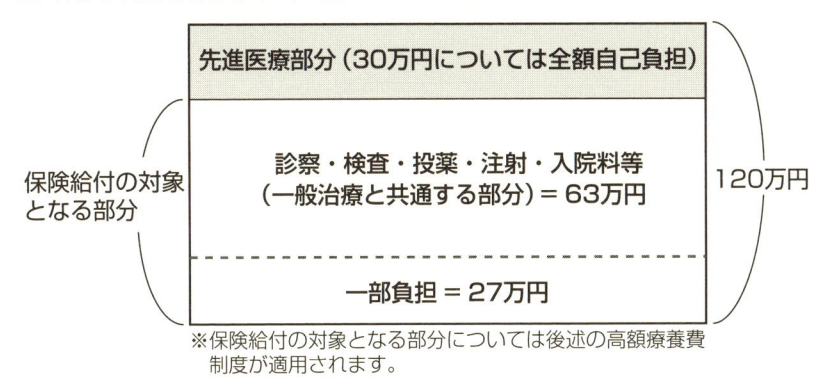

	先進医療部分（30万円については全額自己負担）
保険給付の対象となる部分	診察・検査・投薬・注射・入院料等 （一般治療と共通する部分）＝63万円
	一部負担＝27万円

全体：120万円

※保険給付の対象となる部分については後述の高額療養費制度が適用されます。

第1章 病気やケガをしたときの医療保険のしくみ

9 医療費が高額になった場合の取扱いについて知っておこう

世帯単位での医療負担の軽減も可能になる

● 高額療養費とは

　国民健康保険では、病院や診療所で治療を受けた場合、医療費の一部を本人が負担します。しかし、医学の著しい発展によって高性能の治療具の開発などにより、長期入院や手術を受けた際の自己負担額が高額になる場合があります。このように、自己負担額が一定の基準額を超えた場合に給付されるのが**高額療養費**です。

　高額療養費は、国民健康保険の加入者が同月に同病院で支払った自己負担額が、高額療養費算定基準額（自己負担限度額）を超えた場合、その超えた部分の額が支給される制度です。

● 高額療養費における合算対象の要件

　高額療養費算定基準額は、所得に比例して自己負担額が増加するよう設定されています。平成27年1月より70歳未満の者の所得区分が3区分から5区分へ細分化されました。

　たとえば、標準報酬月額が28万円から50万円の人の場合の自己負担限度額は、「80,100円＋（総医療費－267,000円）×1％」です。なお、総医療費とは療養に要した費用のことで、暦月1か月内に通院した同じ診療科で支払った医療費の総額です。たとえ実日数が30日以内でも、2か月にまたがる場合は合算できず、同月に同病院へ通院した場合でも、診療科が異なる場合は対象外です。

　そして、同じ診療科の場合は、入院・通院別に支給の対象になるかを計算します。この場合、差額ベッド代や食事療養費、光熱費などは高額療養費の対象にはならないため、注意が必要です。なお、高額

療養費への該当の有無は、領収書に記載されている一部負担額が、保険内のものかどうかで判断されます。

◉ 世帯合算・多数該当とは

　高額療養費には、加入者の家庭の医療負担を軽減することを目的とした**世帯合算**という制度があります。具体的には、同一世帯で同一の

■ 医療費の自己負担限度額

●1か月あたりの医療費の自己負担限度額（70歳未満の場合）

所得区分	自己負担限度額	多数該当
標準報酬月額 83万円以上の方	252,600円＋ （総医療費－842,000円）×1％	140,100円
標準報酬月額 53万円〜79万円の方	167,400円＋ （総医療費－558,000円）×1％	93,000円
標準報酬月額 28万円〜50万円の方	80,100円＋ （総医療費－267,000円）×1％	44,400円
標準報酬月額 26万円以下の方	57,600円	44,400円
低所得者 （被保険者が市町村民税 の非課税者等）	35,400円	24,600円

※区分アまたはイに該当する場合は、市町村民税が非課税であっても区分アまたはイとなります。

●1か月あたりの医療費の自己負担限度額（70〜74歳の場合）

被保険者の区分	医療費の負担限度額	
	外来（個人）	外来入院（世帯）
一定以上所得者	44,400円	80,100円＋（総医療費－267,000円）×1％ 〈44,400円〉
一般	12,000円	44,400円
低所得者2 （市区町村民税 非課税世帯）	8,000円	24,600円
低所得者1 （所得が一定水準 に満たない者）	8,000円	15,000円

※一定以上の所得者の同一世帯で1年間に3回以上高額療養費の支給を受けている場合の限度額は、〈　〉内の金額になる

第1章　病気やケガをしたときの医療保険のしくみ

月1か月間（暦月ごと）に21,000円以上の自己負担額（70歳未満の場合）を支払った者が2人以上いる場合、それぞれの金額を合算し、自己負担額を超えた分が高額療養費として払い戻されます。

　たとえば、月収40万円の60代の夫の医療費が1か月に合計20万円、妻の医療費が1か月に10万円かかったとします。この夫妻の自己負担分は、それぞれ3割分の6万円、3万円で、高額療養費の自己負担額である8万100円には届かないものの、ともに21,000円を超えているため世帯合算が可能です。この場合の自己負担限度額は、8万100円＋（医療費30万円−26万7000円）×1％＝8万430円と計算されます。世帯合算の申請を行えば、支払い済みの医療費30万円から自己負担限度額が控除された9570円が戻ります。

　なお、世帯合算を行う場合、対象となる個人は「同一の医療機関」で医療費を支払っていることが要件です。

　また、高額療養費には「多額該当」という自己負担限度額を軽減させる制度があります。具体的には、同一世帯で1年間（直近12か月）に3回以上高額療養費の支給を受けている場合、4回目以降の自己負担限度額が下がります。

● いったん全額を支払うのか

　高額療養費が支給され、最終的な負担額が軽減されることが決定した場合でも、手順としては、いったん医療機関の窓口で支払いをした上で、自己負担限度額を超過した額の請求を行い、支払いを受ける必要があります。したがって、金銭的な余裕がない場合、そもそも医療を受けることを断念せざるを得ないことがあります。

　そのような場合の対策としては、高額療養費の現物支給化の制度が設けられています。この制度を利用すれば、高額となる現金の用意を行う必要がなく、医療機関の窓口で支払う金額は、自己負担限度額内に収まることになります。

現物支給化を利用する場合は、申請をする必要があります。方法としては、国民健康保険の加入者の場合は市区町村の窓口にそれぞれ申請書を提出して行います。受理された場合「限度額適用認定証」が発行されます。限度額適用認定証の発行日は、申請書の受付日の月の初日です。これを医療機関に提示することで、現物支給化の制度を利用することができます。

　なお、低所得者に該当する場合は「限度額適用・標準負担額減額認定証」が発行されます。

● 特定疾病に関する高額療養費とは

　高額療養費の制度には、特定疾病（長期高額疾病）に対する給付も行われます。特定疾病とは、厚生労働大臣により定められた疾病で、人工透析が必要な慢性腎不全や血友病、エイズなどのことです。

　これらの疾病は、長期にわたる高額な治療を要するため、一部負担金が10,000円を超える部分については高額療養費の給付が行われます。ただし、基礎控除後の総所得金額の世帯合算額が600万円以上の70歳未満の加入者の場合は、限度額が20,000円となります。

■ 高額療養費の世帯合算の計算の手順

自己負担額	被保険者の負担金 15,000円	被扶養者の負担金 42,400円	被扶養者の負担金 50,200円
合算の有無	合算されない（21,000円未満のため）	合算される	合算される

42,400円 ＋ 50,200円 ＝ 92,600円

92,600円 － 算定基準額（区分あり）

世帯合算による高額療養費

第1章　病気やケガをしたときの医療保険のしくみ

10 医療と介護の両方が必要になる場合の取扱いについて知っておこう

医療費と介護費用の負担額が高額になった場合の支援制度がある

● 高額介護合算療養費とは

　医療の場合は高額療養費、介護の場合は高額介護サービス費の制度が用意されています。

　高額介護サービス費とは、介護サービスを利用した場合の費用が高額になった場合に受けることができる費用の軽減制度です。介護保険を利用する場合、医療費の1割を負担すればサービスを受けることが可能ですが、医療費に加えて介護保険の費用を負担する場合などは、高額の負担を伴うケースが多くあります。

　こうしたケースに対応するため、同一世帯で毎年8月から1年間にかかった国民健康保険と介護保険の自己負担額の合計が、一定の基準額（75歳以上の世帯で所得が一般の場合は56万円）を超える人に対してはその超える分が支給される**高額介護合算療養費**という制度があります。

　しかし、介護が必要な高齢者は健常者に比べ疾病にかかりやすいものです。そのため、介護サービス費の高額負担者は同時に医療費の高額負担者であることも多く、それぞれの制度の自己負担上限額を負担する場合、その合計額は大きな負担になります。

　このような場合に自己負担を軽減することができるのが**高額医療・高額介護合算療養費制度**です。具体的には、毎年8月1日からの1年間でその世帯が自己負担する国民健康保険における医療費と介護サービス費の自己負担額の合計が、設定された自己負担限度額を超えた場合に支給されます。

　対象は、介護保険の受給者がいる国民健康保険制度の世帯です。

自己負担限度額は56万円を基本ベースとして、加入者の年齢や世帯所得によって細かく設定されています。

たとえば、70歳〜74歳の一般世帯の場合は56万円、現役並所得者（市・県民税の課税所得が146万円以上の人）の場合は67万円とされています。また、低所得者の世帯の場合も、世帯所得に応じて2種類の区分に分けられています。

なお、高額介護合算療養費の制度改正に伴い、平成27年8月から、70歳未満の高額介護合算療養費の自己負担限度額については新しい基準額が適用されています（下図参照）。

◉ 合算を利用するときの手続き

医療保険が国民健康保険の場合は、医療保険も介護保険も所管が市区町村であるため、役所の国民健康保険の窓口で支給申請を行います。

■ 高額介護療養費の自己負担限度額

●70歳未満の場合

所得区分	平成27年7月まで	平成27年8月以降
標準報酬月額 83万円以上の方	基準額　176万円	基準額　212万円
標準報酬月額 53万円〜79万円の方	135万円	141万円
標準報酬月額 28万円〜50万円の方	67万円	67万円
標準報酬月額 26万円以下の方	63万円	60万円
低所得者 （被保険者が市町村民税 の非課税者等）	34万円	34万円

※なお、70〜74歳場合、上表と異なり、①現役並み所得者（標準報酬月額28万円で高齢受給者証の負担割合が3割の方（市町村民税の非課税者を含む））67万円、②一般所得者（①および③以外の方）56万円、③低所得者で被保険者が市町村民税の非課税者等である場合31万円、被保険者とその扶養家族すべての方の所得がない場合19万円となります。

11 入院した場合の国民健康保険の給付について知っておこう

入院中の食事や居住費の負担を軽減するための給付がある

● 入院時食事療養費とは

　病気やケガなどをして入院した場合、診察や治療などの療養の給付の他に、食事の提供を受けることができます。この食事の提供としての保険の給付を**入院時食事療養費**といいます。

　入院中の食事代は、給付が行われる入院時食事療養費に加え、入院する患者自身が「標準負担額」として自己負担額を支払うことで成り立っています。標準負担額は、原則として1食あたり260円です。保険者である市町村や国民健康保険組合が入院時食事療養費を医療機関に支払うため、加入者である入院患者はこの標準負担額のみの支払いですむことになります。

　また、入院時食事療養費には、図（次ページ上図）のような住民税非課税者などへの減額措置が設けられています。なお、後期高齢者医療給付の入院時食事療養費を受ける者には、国民健康保険からの支給は行われません。

● 入院時生活療養費とは

　介護保険により、要介護認定された人はさまざまな介護サービスを受けることができます。一方で入院患者は、症状が重い間は、医師や看護婦により十分な看護を受けていますが、ある程度症状が安定し、リハビリが必要となる段階で看護が減少し、65歳以上の高齢者は介護を受けながら生活することになります。そこで、介護保険との均衡の観点から、入院する65歳以上の人の生活療養に要した費用について、保険給付として**入院時生活療養費**が支給されています。

入院時生活療養費の額は、生活療養に要する平均的な費用の額から算定した額をベースに、平均的な家計における食費及び光熱水費など、厚生労働大臣が定める生活療養標準負担額を控除した額です。標準負担額は医療機関により異なり、原則として460円または420円です。なお、低所得者の生活療養標準負担額についても、軽減が行われています。

■ 入院時の食事療養についての標準負担額

	対象者区分	標準負担額 （1食あたり）
1	原則	260円 ※1
2	市区町村民税の非課税対象者等で減額申請の月以前12か月以内に入院日数90日以下の者	210円
3	2の者で減額申請の月以前12か月以内に入院日数90日を超える者	160円
4	70歳以上の低所得者	100円

※1　平成28年度は360円、平成30年度は460円に引上げ予定

■ 入院時の生活療養について患者が負担する標準負担額

区　分	食費についての患者の負担額	居住費についての患者の負担額
①　一般の被保険者で、栄養管理などの面で厚生労働大臣の定める保健医療機関に入院している者	1食につき 460円	1日につき320円
②　一般の被保険者で、①以外の保険医療機関に入院している者	1食につき 420円	
③　区市町村民税非課税者 （低所得者Ⅱ）	1食につき 210円	
④　年金額80万円以下などの者 （低所得者Ⅰ）	1食につき 130円	

12 国民健康保険の訪問看護療養費・移送費とは

訪問看護サービスの提供や病院までの移動についての給付がある

● 訪問看護療養費

　在宅で継続して療養を受ける状態にある者は、国民健康保険における**訪問看護療養費**の給付対象です。訪問看護療養費は、かかりつけの医師の指示に基づき、指定訪問看護事業者（訪問看護ステーションに従事する者）の看護師等による訪問看護サービスの提供を受けた場合に支給が行われます。なお、訪問看護を医師が行うことはなく、あくまでも「看護師等」によって行われることになります。

　指定訪問看護事業者とは、厚生労働大臣の定めた基準に従い、対象者の心身状況に応じて適切な訪問看護サービスを提供する者のことです。厚生労働大臣が認定し、地方厚生（支）局長の指定を受けた事業者である医療法人や社会福祉法人などが、指定訪問者看護事業者となります。

　訪問看護療養費は、①病状が安定していること、②在宅療養において、主治医が「看護師、保健師、助産師、準看護師、理学療法士、作業療法士、言語聴覚士」が療養上の世話・診療の補助行為を認めて指示していることに該当し、保険者が必要と認めた場合に限り支給されます。たとえば、末期ガン、筋ジストロフィー・脳性まひなどの重度障害、難病、脳卒中などの場合の在宅療養が対象です。

　実際に訪問看護サービスを受けた場合、加入者は厚生労働大臣の定めた料金の100分の30の額を負担します。なお、負担割合は、療養の給付と同じです。その上で、あわせて訪問看護療養費に含まれないその他の利用料、たとえば、営業外の時間帯にサービスを受けた場合の料金なども負担します。

● 移送費とは

　現在かかっている医療機関の施設や設備では、患者が十分な診察や治療が受けられないような場合や患者が病気やケガにより自力で歩くことが困難な場合、または医師の指示によって緊急に転院する場合などは、タクシーなどによる移動の必要があります。

　このような場合に必要になるタクシー代などの移動費について、国民健康保険から**移送費**という給付を受けることができます。移送費は、原則として保険者による事前承認が必要になります。ただし、緊急を要する場合などやむを得ない事情の場合は、事後承認が認められます。

　支給は現金給付で行われます。給付を受ける場合は、いったんタクシー代などの移送費を自分で支払った上で、後ほど支給申請書を提出し、移送費に相当する額を受け取ります。申請の際には、保険証や移送にかかった費用の領収証、医師などの意見書の添付が必要です。

　移送費として受けることができる額は、最も経済的とされる経路および方法によって移送した場合の運賃です。なお、医師が医学的に必要だと認める場合は、医師や看護師などの付添人（1人分）にかかった交通費も移送費として支給されます。

■ 訪問看護療養費とは

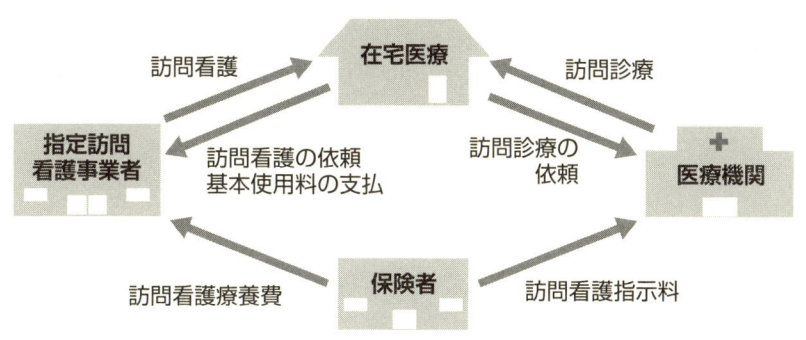

指定訪問看護事業者 —訪問看護→ 在宅医療 ←訪問診療— 医療機関
指定訪問看護事業者 ←訪問看護の依頼 基本使用料の支払— 在宅医療
在宅医療 —訪問診療の依頼→ 医療機関
保険者 —訪問看護療養費→ 指定訪問看護事業者
保険者 —訪問看護指示料→ 医療機関

第1章　病気やケガをしたときの医療保険のしくみ

13 国民健康保険の加入者が死亡した場合の給付について知っておこう

支給される給付額は各自治体によって異なる

● 葬祭費とは

　国民健康保険の加入者が死亡した場合、その加入者により生計を維持された人で、葬祭を行う人に対して**葬祭費**が支給されます。なお、死亡事由には、自殺も含まれます。

　葬祭費は法定任意給付であるため、各自治体の条例や規約によって行われる給付です。そのため、特別な理由がある場合は給付の全部または一部を支給しないことが許されています。

　「加入者により生計を維持されていた人」とは、加入者の配偶者や子などです。ただし、民法上の親族や遺族、同居していない者でもかまいません。また、生計の一部を維持されていた人も含み、健康保険の被扶養者の要件とは関係ありません。

　「葬祭を行う人」とは、常識的に考えて葬祭を行うべき人のことです。被保険者に近しい配偶者や子がいない場合は、被保険者の兄弟姉妹やその他親戚の者などです。

　葬祭費の額は自治体により異なります。たとえば、東京都世田谷区の場合は7万円、八王子市の場合は5万円です。葬祭費を請求するときは、「葬祭費請求書」に、死亡診断書や印鑑などを添付して保険者に提出します。この場合の印鑑は、葬祭費の受取人となる喪主のものを用意します。また、実際に葬儀を行った証明となる、葬儀にかかった費用の領収証なども必要です。領収証が手に入らなかった場合は、葬儀に関する案内状など、喪主を確認することが可能な書類で代用します。さらに、死亡者の国民健康保険証もあわせて提出し、返却を行う必要があります。

なお、国民健康保険には被扶養者制度がないため、健康保険における「家族葬祭費」の支給はありません。世帯内の一人ひとりが加入者であるため、たとえば同じ世帯内の家族のうち一人が死亡した場合でも、その世帯の他の人の保険証を返還する必要はありません。
　また、葬祭費には時効があるため、葬祭を行った日の翌日から2年を経過した場合は葬祭費の請求を行うことができません。

◉ 葬祭の給付とは

　葬祭の給付とは、葬祭費が支払われない場合において、葬祭の費用ではなく「葬祭そのもの」を給付するための制度です。
　葬祭の給付制度を導入する自治体（市町村）は、現在ではあまり多くありません。

◉ 葬祭費が支給されない場合がある

　国民健康保険の加入者が死亡した場合でも、葬祭費の支給が行われない場合があります。それは、以前に健康保険の被保険者であった場合です。具体的には、会社を退職して健康保険の資格を喪失したものの、傷病手当金の継続給付を受ける場合や、継続給付の終了後3か月以内に死亡した場合が挙げられます。

■ 死亡した場合の給付

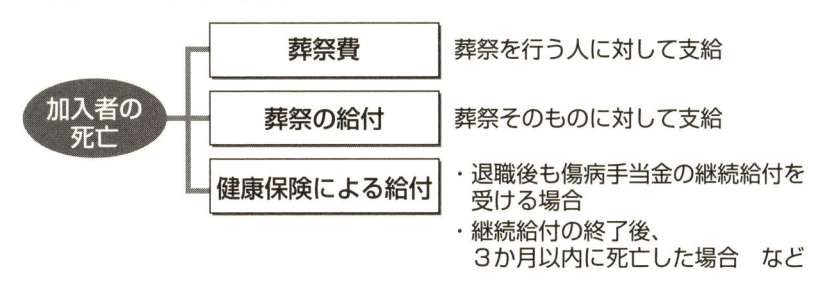

加入者の死亡		
	葬祭費	葬祭を行う人に対して支給
	葬祭の給付	葬祭そのものに対して支給
	健康保険による給付	・退職後も傷病手当金の継続給付を受ける場合 ・継続給付の終了後、3か月以内に死亡した場合　など

第1章　病気やケガをしたときの医療保険のしくみ

Column

マイナンバー制度がはじまった！

　連日ニュースを賑わせている話題の「マイナンバー制度」が、いよいよ本格化しました。平成27年10月より国内で住民票をもつすべての人に対して個人番号（マイナンバー）が割り振られ、平成28年よりさまざまな行政における手続きの利用が開始されました。

　マイナンバーが必要となるのは、「社会保障・税・災害対策」に関する分野における手続きを行う場合です。このうち「社会保障」の分野には、たとえば年金の受給権が発生した場合の裁定請求などがあります。これまでは、年金手帳に記載された「基礎年金番号」により管理されていた年金の記録等が、マイナンバーでの管理へと移行されました。そのため、年金の受給手続きの際には、必ずマイナンバーの提示を行わなければなりません。また、死亡した人にまだ支給されていない年金（未支給年金）がある場合は、死亡した当事者のマイナンバーを利用して年金の請求を行います。さらに、失業時の基本手当や高年齢雇用継続給付など、労働分野の給付の手続きや、医療分野・福祉分野に関する給付の手続きなどでもマイナンバーの提示が必要です。

　また、マイナンバーを必要とする「税の分野」には、たとえば確定申告書や届出書、または調書などへの記載が挙げられます。とくに、不動産収入がある人や、会社を退職して個人事業主として活動する人などの場合は、税金に関する手続き書類にマイナンバーを利用する機会があります。

　マイナンバーは、いわば「究極の個人情報」といえます。そのため、制度の開始に伴い、番号を不正利用するために電話や書面で提供を求める詐欺事件が多発することが予想されます。マイナンバーの利用分野は国の法律により厳密に定められているため、流出を防ぐために厳重に管理した上で不正な誘導文句には乗らず、必要以上に提供しないように心がけることが重要です。

第2章

年金受給のしくみと手続き

1 年金にはどんな種類があるのか

管理および運営をする組織に応じて3種類に分類される

● **公的年金・企業年金・個人年金**

　日本の年金制度は、管理および運営をする組織に応じて分類されています。国が管理・運営するのは「公的年金」、企業が主体となって行うのは「企業年金」、そして、保険会社などの金融機関が商売の1つの手段として行うのは「個人年金」です。

　それぞれの年金の特徴は、おもに以下のとおりです。

① **公的年金の種類**

　公的年金には、基礎年金と被用者年金制度があり、徴収、管理、運営の手続きはすべて法律で定められています。基礎年金には、すべての国民が加入する「国民年金」、被用者年金には、適用事業所に勤める会社員が加入する「厚生年金保険」、公務員や私立学校の職員などが加入する「共済年金」があります。ただし、法改正により平成27年10月以降は被用者年金制度が一元化され、共済年金の加入者は自動的に厚生年金保険へ加入することになります。

② **企業年金の種類**

　企業年金には、「確定給付企業年金」や「確定拠出年金」、中小企業の従業員などが加入する「中小企業退職金共済制度」や「特定退職金共済制度」、大企業の従業員が加入する「厚生年金基金」などがあります。

　公的年金と異なり、加入は義務ではなく、任意となります。企業が従業員の福利厚生のために独自の判断で行っている年金制度のことです。加入をした場合、通常の公的年金に上乗せして支給が行われます。

　右肩上がりの経済成長が続いていた時代は、運用益の一部が企業

にとって利益となるメリットもありました。しかし、景気が停滞し、目標とするレベルの運用益が得られなくなったことで、運用の不足分を企業が持ち出しをするという状況に陥るようになりました。

そこで、厚生年金基金の中には、解散や代行返上をするケースが増加しています。

③ 個人年金の種類

個人年金は、金融機関が商品を開発し販売を行うものです。したって、その種類は期間によってさまざまで、多岐にわたります。大きく分けると、公的年金と同じく死ぬまで受け取ることができる「終身型」の他、受け取れる期間があらかじめ決まっている「確定型」、確定型である上に本人が死亡した場合にも支払いがストップする「有期型」などがあります。

● 退職者はどの年金保険制度に加入するのか

日本の年金保険制度は基礎年金部分を土台として、2階部分に厚生年金保険制度が位置付けられています。会社員や公務員等は厚生年金の被保険者であるため、国民年金の第2号被保険者として扱われま

■ 3階建ての年金制度

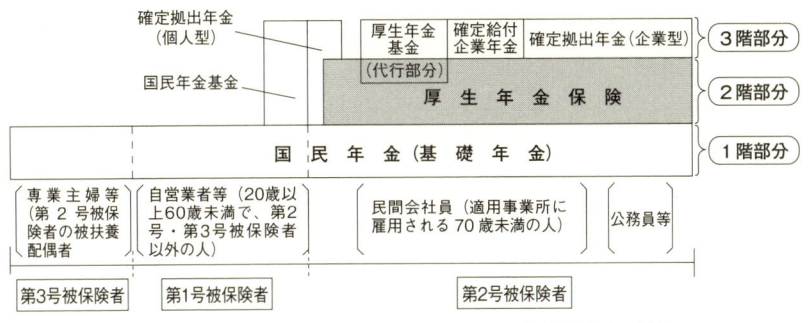

	確定拠出年金 (個人型)	厚生年金基金	確定給付企業年金	確定拠出年金(企業型)	3階部分
	国民年金基金	(代行部分) 厚 生 年 金 保 険			2階部分
国 民 年 金 (基 礎 年 金)					1階部分
専業主婦等 (第2号被保険者の被扶養配偶者)	自営業者等(20歳以上60歳未満で、第2号・第3号被保険者以外の人)	民間会社員(適用事業所に雇用される70歳未満の人)		公務員等	
第3号被保険者	第1号被保険者	第2号被保険者			

※公務員等に対する独自の制度として、以前は2階部分に共済年金、3階部分に職域部分が存在したが、平成27年10月以降は厚生年金保険に統一された

す。しかし、会社を退職し、厚生年金保険の被保険者ではなくなった場合の国民年金の被保険者区分については、退職後の身の振り方で決まります。

① 第1号被保険者になる場合

60歳になる前に退職して、無職あるいは起業により自営業者になる場合、厚生年金を脱退して国民年金に加入することになります。この場合、退職者が自ら住所地の市区町村の年金課などの窓口に届け出る必要があります。

② 引き続き第2号被保険者でいる場合

退職後、期間を空けずに転職して別の会社に就職した場合です。この場合、転職先の会社が健康保険・厚生年金保険被保険者資格取得届を提出することになります。ただし、退職後、転職まで1日以上ブランクがある場合には、①で述べた第1号被保険者への加入手続きが必要です。

③ 第3号被保険者になる場合

退職後、夫（妻）の被扶養者になる場合です。結婚して専業主婦になる場合が典型例ですが、男性が第3号被保険者になることももちろん可能です。第3号被保険者になる場合、夫（妻）の勤務先を経由して厚生労働大臣に第3号被保険者に関する届出を行います。

■ **年金の種類と給付の種類**

国民年金に加入していると…　厚生年金保険に加入していると…

	国民年金	厚生年金保険
年をとったとき	老齢基礎年金	老齢厚生年金
障害状態になったとき	障害基礎年金	障害厚生年金
亡くなったとき	遺族基礎年金	遺族厚生年金

➡ 給付には一定の要件がある

2 もらえる老齢基礎年金のしくみを理解しよう

すべての国民に支給され、金額は加入期間に応じて決定される

● 25年以上の加入期間が必要

　老齢基礎年金とは、老後の生活保障のために国民年金から支給される年金のことで、すべての老齢給付の土台となる存在です。自営業者に加え、会社員や専業主婦など、すべての国民が国民年金制度に加入することが義務付けられています。そのため、老齢基礎年金の支給対象となるのはすべての国民です。

　ただし、老齢基礎年金を受けるには、25年以上の加入期間（経過措置あり）を満たすことで受給資格要件をクリアすることが必要です。受給資格要件と、保険料納付済期間、保険料免除期間、合算対象期間を合計した期間が25年以上あることです。

　なお、国民年金制度は昭和61年4月に大きな改正が行われました。そのため、大正15年4月1日より前に生まれた人や改正前の時代に老齢年金の受給権を得た人などは旧法における制度の対象になります。

① 受給額

　老齢基礎年金の年金額は「何か月保険料を払ったか」で決まります。20歳から60歳まで、40年間のすべての月の保険料を払った場合、満額で年78万100円を受給できます（平成27年4月分からの金額）。なお、実際の支給額は計算式（次ページ）によって求めます。

② 受給時期

　老齢基礎年金は、本来65歳から支給が開始され、支給対象者が死亡するまで受け取り続けることができます。しかし、希望に応じて支給開始年齢を60歳～64歳の間に繰り上げることができ、これを繰り上げ支給といいます。一方、66歳～70歳の間に繰り下げることもでき、

これを繰り下げ支給といいます。繰り上げ支給の場合は減額され、繰り下げ支給の場合は増額されます。

◉ 老齢基礎年金額の算出法

　20歳から60歳までの40年間の保険料の納付状況が、「保険料納付済期間：18年、未納期間：4年、全額免除期間：12年（平成21年3月以前）、半額免除期間：6年（平成21年3月以前）」という人の老齢基礎年金の額を具体的に計算してみましょう。

　保険料納付済期間が216か月（18年×12か月）、全額免除の期間が48か月（12年×12か月×1/3）、半額免除の期間が48か月（6年×12か月×4/6）で、未納期間の4年分については受給額に反映されませんので、合計312か月となり、受給額は以下のようになります。

　78万100円×312/480＝50万7,065円

　計算にあたって端数が生じますが、100円未満の端数については、50円未満は切り捨て、50円以上は100円に切り上げという処理をするため、50万7,100円になります。

■ 老齢年金の計算例

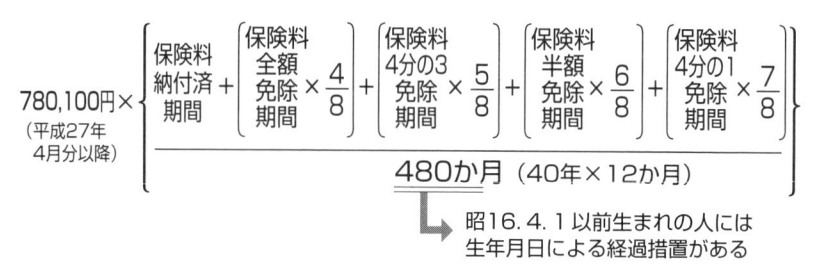

$$780{,}100円 \times \left\{ 保険料納付済期間 + \left[保険料全額免除期間 \times \frac{4}{8} \right] + \left[保険料4分の3免除期間 \times \frac{5}{8} \right] + \left[保険料半額免除期間 \times \frac{6}{8} \right] + \left[保険料4分の1免除期間 \times \frac{7}{8} \right] \right\}$$

（平成27年4月分以降）

480か月（40年×12か月）

昭16.4.1以前生まれの人には生年月日による経過措置がある

※1）学生特例納付は免除期間に含まれない
※2）国庫負担割合の引上げにより、平成21年3月以前に免除を受けた期間については、計算式に使用する数字を、全額免除期間：$\frac{2}{6}$、4分の3免除期間：$\frac{3}{6}$、半額免除期間：$\frac{4}{6}$、4分の1免除期間：$\frac{5}{6}$、に変えて計算する

3 老齢基礎年金の受給資格期間と特例について知っておこう

原則として25年の加入期間を要する

●「25年」のカウントの仕方

　老後に年金を受給するためには原則として25年以上の加入期間が必要です。この期間を**受給資格期間**といいます。受給資格期間については法改正が行われ、消費税率10％引上げに合わせた平成29年4月に10年に短縮される予定ですが、ここでは25年を前提に説明します。

　25年間以上、40年間未満の場合は、支払ってきた期間に応じて減額されて支給されます。

　原則として、受給資格期間の中で保険料を支払っている期間のみが計算の対象になりますが、保険料免除期間、合算対象期間もあわせて算出することができます。

　保険料免除期間とは、経済的な理由などで保険料が支払えず、保険料の支払いの全部または一部を免除された期間のことです。具体的には、保険料全額免除期間、保険料4分の3免除期間、保険料半額免除期間、保険料4分の1免除期間の4つがあります。一方、合算対象期間とは、昭和61年3月以前に、国民年金への加入が任意だった者（専業主婦など）で国民年金に加入しなかった期間などです。

　たとえば、保険料納付済期間が22年、合算対象期間が10年、未納期間が8年という人の場合、保険料納付済期間だけでは25年の受給資格要件を満たしていませんが、合算対象期間の10年間については受給資格期間としてカウントすることができるため、加入期間は32年間として計算され、年金をもらえることになります。

● 25年に満たなくても受給できるケース

　老齢基礎年金を満額受給するためには、原則として40年間保険料を支払うことが必要です。

　ただし、昭和36年4月にすでに20歳を超えていた者は例外で、60歳までの期間に保険料を支払い続ければ「満額支給扱い」となります。なぜなら、現行の公的年金制度は昭和36年4月にスタートしたため、それ以前に成人した者の場合、60歳までの加入期間中に40年間の掛け金を支払うことは不可能になるためです。

　なお、海外在住期間があるため保険料の未払期間がある者や、専業主婦であったため、国民年金の未加入期間がある者などにも特例が設けられています。

　また、厚生年金保険制度にも数多い経過措置の中のひとつに中高齢の特例があります。

　昭和61年4月の年金法の改正前は、厚生年金保険や共済組合では加入期間が20年、または男性で40歳（女性は35歳）から15年の加入期間があれば老齢年金がもらえる制度でした。

　そのため、生年月日に応じて定められた受給資格期間（15〜19年）を満たす中高齢者の場合は、加入期間が25年に満たない場合でも25年間加入したものとみなして、老齢年金を支給する特例が設けられています。

■ 老齢基礎年金の「25年」カウント

保険料納付済期間	・保険料の全額納付期間 ・第2号・第3号被保険者である期間
保険料免除期間	保険料の支払いの全部または一部を免除された期間
合算対象期間	任意加入期間における未加入期間（専業主婦や海外移住など）

$\geq$ 25年

4 老齢基礎年金の繰り上げ・繰り下げについて知っておこう

支給開始時期に応じて減額・増額される

● 老齢基礎年金の繰り上げ

　原則として65歳になると、国民年金における「老齢基礎年金」が受給できます。本人の希望に応じて受給開始年齢を60〜64歳の間に早めることができます。これを、**繰り上げ受給**といいます。

　ただし、繰り上げ支給を希望する場合は、厚生労働大臣に対して繰り上げ請求を行う必要があります。これは、日本の年金制度が「請求制」であることに起因しています。

　繰り上げ受給制度をいったん利用すると65歳になるまで撤回はできず、受給金額は繰り上げ期間に応じて減額されます。

　ただし、任意加入被保険者は繰り上げ支給の請求ができません。また、昭和16年4月1日以前に生まれた人は国民年金の加入者（任意加入者及び第2号被保険者を含みます）である間、繰上げ支給の請求をできません。

　繰り上げ受給は、昭和16年4月1日以前に生まれた人は改正前の受給率、同年4月2日以降に生まれた人は改正後の受給率と、それぞれ率が異なります。法改正前の減額率は、60歳での申請で42％、61歳で35％、62歳で28％、63歳で20％、64歳で11％となります。一方、法改正後の減額率は月単位で計算され、1か月ごとに0.5％の減額率が加算されるしくみになっています。

　繰り上げ受給後には早期に年金を受給できるメリットがありますが、重い障害になった場合は障害基礎年金を受給できなくなります。また、自営業者の場合、夫の死亡時に妻は寡婦年金をもらえなくなるため、制度の利用には注意が必要です。

● 老齢基礎年金の繰り下げ

　原則として65歳になると、国民年金における「老齢基礎年金」が受給できます。本人の希望に応じて受給開始年齢を66～70歳の間に遅らせることができます。これを**繰り下げ受給**といい、老齢基礎年金の受給資格期間を満たした上で66歳になる前に受給の申請をしていない者が申し出により利用することができます。

　繰り下げ受給制度をいったん利用すると70歳になるまで撤回はできず、受給金額は繰り下げ期間に応じて増額されます。

　繰り下げ受給も繰り上げ受給の場合と同じく、昭和16年4月1日以前に生まれた人は改正前の受給率、同年4月2日以降に生まれた人は改正後の受給率でそれぞれ率が異なります。

　法改正前の増額率は、66歳で12％、67歳で26％、68歳で43％、69歳で64％、70歳で88％です。一方、法改正後の増額率は月単位で計算され、1か月ごとに0.7％ずつの増額率が加算されます。

　なお、特別支給の老齢厚生年金をすでに受給している場合でも、老齢基礎年金や老齢厚生年金の繰り下げ受給の申請を行うことができます。一方、65歳に達した時に老齢・退職以外の事由による年金給付を受けている場合は、繰り下げ受給の申し出をすることができません。

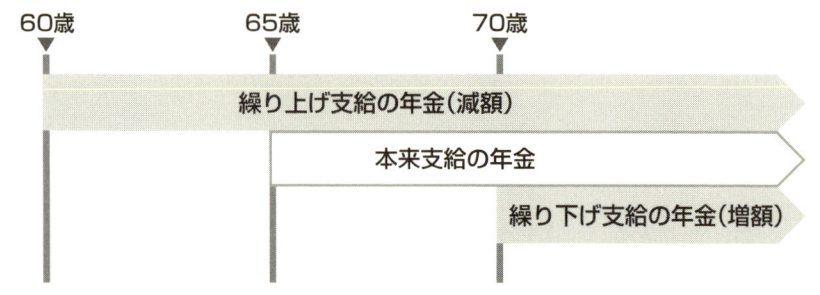

■ 老齢基礎年金の繰り上げ・繰り下げ

	60歳	65歳	70歳
繰り上げ支給の年金（減額）	▼		
本来支給の年金		▼	
繰り下げ支給の年金（増額）			▼

5 もらえる老齢厚生年金のしくみを理解しよう

年齢に応じて2種類の老齢厚生年金が支給される

● 65歳から受給するのが本来の老齢厚生年金

　社会保険の適用事業所に勤める会社員は厚生年金に加入するため、老後は老齢基礎年金に加えて老齢厚生年金を受給することができます。厚生年金の保険料は、給与や賞与を一定の標準報酬ごとに区分けして、国が定めた保険料率を掛けて算出します。老齢厚生年金は、60歳から受給できる特別支給の老齢厚生年金と65歳から受給する本来の老齢厚生年金の2つに分けて考える必要があります。

　特別支給の老齢厚生年金は、原則として報酬額とは無関係の「定額部分」と報酬額に応じて受給額が変わる「報酬比例部分」で成り立っています。老齢基礎年金の受給資格期間（25年間）を満たし、厚生年金の加入期間が1か月以上ある人は、1階部分の老齢基礎年金とあわせて、65歳から本来の老齢厚生年金を受給できます。一方、60歳台前半の老齢厚生年金を受給するためには、厚生年金の加入期間が1年以上あることが必要です。

■ 老齢厚生年金のしくみ

	60歳～65歳	65歳～
	報酬比例部分	老齢厚生年金
	定額部分	経過的加算
		老齢基礎年金

60歳台前半の老齢厚生年金

第2章　年金受給のしくみと手続き　65

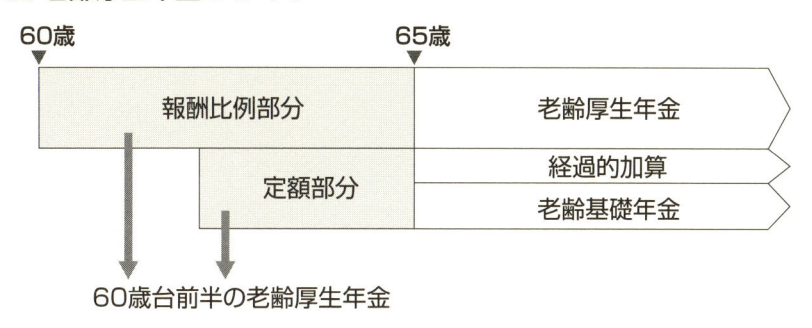

● 老齢厚生年金の金額

　60歳台前半でもらう特別支給の老齢厚生年金については、ⓐ65歳からの老齢基礎年金に相当する部分（定額部分）については、納付月数に応じて、ⓑ65歳からの老齢厚生年金に相当する部分（報酬比例部分）については、現役時代の報酬を基に支給額が決められることになります。

・定額部分

　定額部分については、実際に支給される定額部分の金額は以下の計算式で求めます。

定額部分の金額＝1か月当たりの給付額（単価）×生年月日に応じた率×加入月数×スライド率（0.970：平成27年度の基準）

　現役時代の収入の多寡は影響しません。生年月日に応じた率は、生年月日が昭和21年4月2日以降であれば「1」です。給付額は1,676円で、平成27年度のスライド率は0.970です。

・報酬比例部分

　一方、報酬比例部分については、現役時代の給料が多いほど金額が増えるしくみになっています。報酬比例部分の算出方法を最もシンプルに表すと以下のようになります。

報酬比例部分の金額＝標準報酬月額×加入月数×乗率（×スライド率）

　標準報酬月額とは、現役時代の給与を一定の金額ごとに区分けしてあてはめた金額です。このように、報酬比例部分は、現役時代の給料が多いほど金額が増えるしくみになっています。

　ただ、実際のところ、報酬比例部分の計算は上の数式のように単純ではなく、非常に複雑です。その理由としては、平成15年4月から導入された総報酬制（賞与にも月給と同じ保険料率が課せられる制度）により、保険料を徴収するベースが増えるため、平成15年4月を基準に異なる乗率を用いる点や、年金制度の改正のためにもらえる年

金が減額されないように、以前の年金額を使ってよいというしくみが導入されている点が挙げられます（従前額保障）。

◉ 老齢厚生年金の受給額

　65歳からの本来の厚生年金の受給額は前述の特別支給の老齢厚生年金報酬比例部分の計算式と同様です。老齢基礎年金と異なり、納めた保険料の額で決まります。

　つまり、現役時代に給料が高かった人ほどたくさん老齢厚生年金をもらえるしくみになっています。65歳になると、定額部分に代わり老齢基礎年金を受給することになりますが、老齢基礎年金は定額部分よりも金額が少なくなります。そこで、導入されたのが経過的加算です。老齢基礎年金に経過的加算分の年金を加えて支給することで、年金の手取りを今までと同じにするわけです。

■ 報酬比例部分の年金額の算出方法

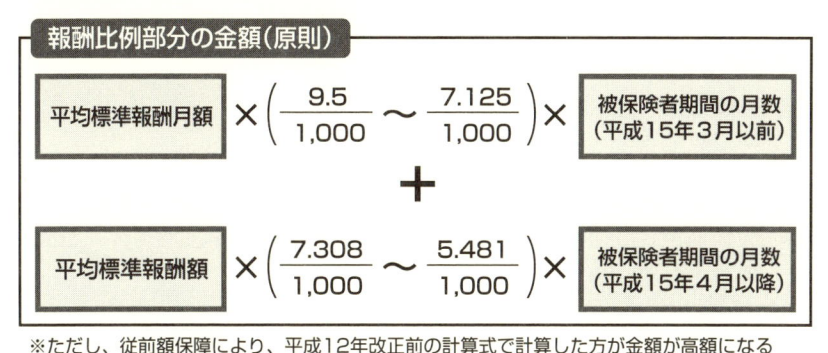

報酬比例部分の金額（原則）

平均標準報酬月額 × ($\frac{9.5}{1,000}$ 〜 $\frac{7.125}{1,000}$) × 被保険者期間の月数（平成15年3月以前）

＋

平均標準報酬額 × ($\frac{7.308}{1,000}$ 〜 $\frac{5.481}{1,000}$) × 被保険者期間の月数（平成15年4月以降）

※ただし、従前額保障により、平成12年改正前の計算式で計算した方が金額が高額になるときにはその金額が報酬比例部分の金額となる
　平均標準報酬月額に乗じる乗率は生年月日によって異なり、昭和21年4月2日以降に生まれた人については、1000分の7.125、1000分の5.481となる

6 老齢厚生年金の支給開始時期について知っておこう

生年月日に応じて支給開始年齢が異なる

● 支給時期は今後65歳になる

　過去には厚生年金保険の支給開始年齢は60歳（女性は55歳）でした。しかし、昭和61年の改正ですべての年金の支給開始年齢が、国民年金の支給開始年齢である65歳に変更されました。

　ただし、いきなり65歳にするわけではありません。法改正前と改正後で不公平が生じることがないよう、生年月日に応じて段階的に年金の支給開始を遅らせるという経過措置がとられています。そして、最終的には平成37年（女性は平成42年）に厚生年金保険・国民年金ともに65歳からの支給となる予定です。

　この段階的に遅くなっていく65歳前に支給される厚生年金のことを**特別支給の老齢厚生年金**といいます。

　特別支給の老齢厚生年金のうち、まず定額部分の支給を60歳から65歳に段階的に遅らせ、すべての世代が65歳からの支給になった後に今度は報酬比例部分の支給を段階的に遅らせていきます。

　現在（平成27年）は、定額部分の支給時期を段階的に遅らせている状況にあり、生年月日によっては60～64歳の人にも特別に支給される年金として、老齢年金が支給されています。

　なお、女性は男性より5年遅れのスケジュールとなっていますが、これは、改正前は女性の年金支給開始年齢が男性より5年早い55歳であったことに配慮しているためです。

　また、厚生年金保険の障害等級3級以上に該当する者や、44年以上の長期にわたり厚生年金保険に加入している者には、特例として60歳から「報酬比例部分」だけでなく「定額部分」も合わせて支給され

ることになっています。

◉ 老齢厚生年金の支給時期の繰り上げ・繰り下げ

　老齢厚生年金には、老齢基礎年金と同じく、繰り上げ・繰り下げ制度が設けられています。繰り上げ時期に応じた減額率、繰り下げ時期に応じた増額率についても、老齢基礎年金と同率です。

　ただし、老齢厚生年金の繰り上げを行う場合は、老齢基礎年金の繰り上げと同時に行う必要があり、どちらか一方だけという選択肢はありません。老齢基礎年金の繰り上げ額は、年齢や受給の要件に該当した場合は、全額繰り上げる場合と一部繰り上げる場合のいずれかを選択することができます。

・老齢厚生年金の繰り上げ

　老齢厚生年金の繰り上げは、①60〜65歳未満であること、②厚生年金の被保険者期間が1か月以上あること、③老齢基礎年金・老齢厚生年金の受給資格があること、④男性は昭和36年4月2日、女性は昭和41年4月2日以降に生まれていること、のすべての要件を満たした者が、65歳に達する前に請求を行うことで実施されます。

　④については、昭和36年4月2日以降生まれの男性、昭和41年4月2日以降生まれの女性は60歳台前半の老齢厚生年金を受け取ることができないため、65歳からの老齢厚生年金を繰り上げて受給することが可能です。ただし、任意加入被保険者は繰上げ支給の請求ができません。

・老齢厚生年金の繰り下げ

　老齢厚生年金の繰り下げは、平成19年4月以降に老齢厚生年金の受給権をもつ者が、受給権取得日から1年経過後に申し出ることで実施されます。

　ただし、それまでの間に他の年金給付の受給権を得た場合は、そもそも繰り下げの申し出をすることができません。

■ 年金の支給開始時期

定額部分の支給開始時期引上げスタート

男性	女性	60歳～65歳
昭和16.4.1以前生まれ	昭和21.4.1以前生まれ	報酬比例部分 → 老齢厚生年金 / 定額部分 → 老齢基礎年金
昭和16.4.2～昭和18.4.1生まれ	昭和21.4.2～昭和23.4.1生まれ	61歳～65歳：報酬比例部分 → 老齢厚生年金 / 定額部分 → 老齢基礎年金
昭和18.4.2～昭和20.4.1生まれ	昭和23.4.2～昭和25.4.1生まれ	62歳～65歳：報酬比例部分 → 老齢厚生年金 / 定額部分 → 老齢基礎年金
昭和20.4.2～昭和22.4.1生まれ	昭和25.4.2～昭和27.4.1生まれ	63歳～65歳：報酬比例部分 → 老齢厚生年金 / 定額部分 → 老齢基礎年金
昭和22.4.2～昭和24.4.1生まれ	昭和27.4.2～昭和29.4.1生まれ	64歳～65歳：報酬比例部分 → 老齢厚生年金 / 定額部分 → 老齢基礎年金
昭和24.4.2～昭和28.4.1生まれ	昭和29.4.2～昭和33.4.1生まれ	65歳：報酬比例部分 → 老齢厚生年金 / 老齢基礎年金

報酬比例部分の支給開始時期引上げスタート

男性	女性	
昭和28.4.2～昭和30.4.1生まれ	昭和33.4.2～昭和35.4.1生まれ	61歳～65歳：報酬比例部分 → 老齢厚生年金 / 老齢基礎年金
昭和30.4.2～昭和32.4.1生まれ	昭和35.4.2～昭和37.4.1生まれ	62歳～65歳：報酬比例部分 → 老齢厚生年金 / 老齢基礎年金
昭和32.4.2～昭和34.4.1生まれ	昭和37.4.2～昭和39.4.1生まれ	63歳～65歳：報酬比例部分 → 老齢厚生年金 / 老齢基礎年金
昭和34.4.2～昭和36.4.1生まれ	昭和39.4.2～昭和41.4.1生まれ	64歳～65歳：報酬比例部分 → 老齢厚生年金 / 老齢基礎年金
昭和36.4.2以降生まれ	昭和41.4.2以降生まれ	65歳：老齢厚生年金 / 老齢基礎年金

7 加給年金と振替加算について知っておこう

配偶者や子がいる受給者に、要件に応じて上乗せ支給される

● 加給年金とは

加給年金とは、厚生年金の受給者に配偶者（内縁関係も含む）や高校卒業前の子がいるときに支給されるものです。この場合の配偶者は、厚生年金保険における被保険者であってもかまいません。支給額も大きく、国民年金にはない厚生年金保険独自のメリットです。

「子」とは、具体的には、18歳になった後、最初の3月31日までの者または20歳未満で障害等級1級・2級に該当する者で、どちらも未婚の場合をいいます。

ただし、加給年金は、配偶者が65歳になって配偶者自身の老齢基礎年金がもらえるようになると支給が打ち切られます。つまり、配偶者が若いほど支給期間が長くなるシステムです。その代わりに、配偶者の老齢基礎年金に、振替加算として上乗せして支給が行われることになります（73ページ）。

● 加給年金の支給対象者

加給年金の支給対象者は、次の要件に該当する者です。

① 年金を受け取っている者（特別支給の老齢厚生年金の場合は、定額部分の支給があること）
② 厚生年金保険の加入期間が20年以上ある者
③ 一定の要件を満たす配偶者や子の生計を維持している者

なお、②の加入期間20年以上というのは原則であり、これには特例があります。生年月日に応じて、男性で40歳（女性は35歳）を過ぎてからの厚生年金保険加入期間が15年〜19年あれば受給資格が得ら

れます。

③の「一定の要件を満たす配偶者」とは次の者です。
ⓐ　配偶者について、前年度の年収が850万円未満であること（ただし、現在の年収が850万円以上でも、所得額がおおむね5年以内に850万円未満になると認められる場合など、一定の場合には支給される）
ⓑ　配偶者がすでに老齢年金などを受給している場合は、その年金の加入期間が20年未満であること

ⓑの要件により、配偶者が長期在職（加入期間20年以上かそれと同等とみなされるもの）または障害を給付事由とする年金を受給している場合は、支給が停止されます。

● 振替加算とは

日本では「国民皆年金」制度が取られており、すべての国民は何らかの年金制度への加入が義務付けられています。ところが、昭和41年1月1日より前に生まれた被扶養配偶者は、改正前の年金法では年金への加入が任意であったため、選択によっては未加入の時期が生じます。そのため、被扶養配偶者の年齢が高いほど、年金額が低額とな

■ 加給年金がもらえる条件

妻の条件
①厚生年金に**20年以上加入した年金をもらっていない**
②**65歳未満**である
③**年収850万円未満**である

＋

夫の条件
①厚生年金に**20年以上加入している**
②**生計維持している配偶者**がいる

る可能性があります。このような年金額の不足分を補うため**振替加算**という制度があります。

振替加算は、加給年金の対象となっていた者が老齢基礎年金をもらいはじめる場合に上乗せ支給が行われますが、加給年金額に比べ定額です。振替加算額は年齢が若いほど少なくなります。そして、昭和41年4月2日以降生まれの者は老齢基礎年金の満額受給が可能であるため、加算額はゼロです。

なお、老齢厚生年金または特別支給の老齢厚生年金を受けている者が昭和9年4月2日以降生まれの場合は、生年月日に応じて配偶者の加給年金額に特別加算があります。

■ 加給年金の額(平成27年度)

加算対象者	加給年金額
配偶者	224,500円
子1人	224,500円
子2人	449,000円
子3人以上	1人増すごとに74,800円を加算

※配偶者の加給年金額に子の加算分をたした額が実際の支給額となる

■ 加給年金と振替加算の例

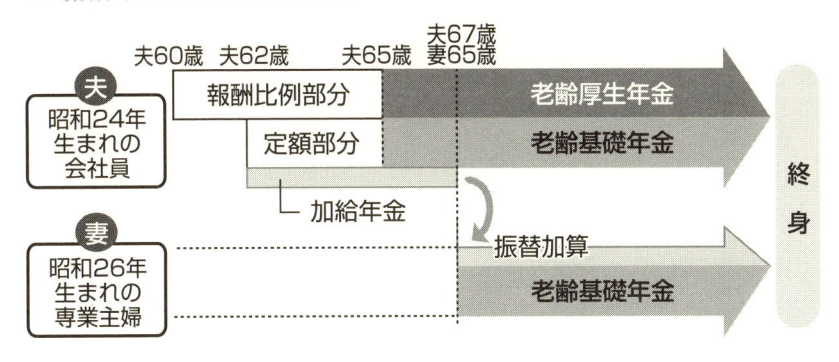

夫 昭和24年生まれの会社員:
- 夫60歳〜: 報酬比例部分
- 夫62歳〜: 定額部分、加給年金
- 夫65歳〜: 老齢厚生年金、老齢基礎年金（終身）

妻 昭和26年生まれの専業主婦:
- 夫67歳/妻65歳〜: 振替加算、老齢基礎年金（終身）

8 在職老齢年金について知っておこう

働く受給者の場合は収入に応じて年金額が減額される

● 働くと年金が減額・カットされる可能性がある

　老齢厚生年金はもらい過ぎにならないように、他の給付との間で、受給額を調整するしくみが整えられています。年金受給者がまだ会社などで働いていて給与を得ている場合など、年金受給者に収入がある場合、その人の給与収入に応じて減額されます。これを**在職老齢年金**といいます。在職老齢年金は「60歳から64歳まで」と、「65歳以降」とで計算式が異なります（75、76ページ図参照）。

　なお、収入の少ない妻や子がいる場合に、老齢厚生年金に付加して支給される加給年金（71ページ）の金額は働いていても減額されません。ただし、60〜64歳の在職老齢年金の調整により年金額がゼロになる場合は、加給年金も支給されません。

　在職老齢年金による老齢厚生年金の減額を避けたい場合には、厚生年金の被保険者にならないように、厚生年金の適用されない事業所で働く、正社員の4分の3未満の労働日数・労働時間で働く、個人事業主になる、といった形態で働くのがよいでしょう。

● 基本月額と総報酬月額相当額の関係で決まる

　60歳代前半の在職老齢厚生年金のしくみは、基本月額と総報酬月額相当額の合計額が28万円を超えているかどうかと、総報酬月額相当額が47万円を超えているかをもとにして判断します。

　基本月額とは、受給している老齢厚生年金額（加給年金を除く）を12で割った月額換算した額のことです。

　総報酬月額相当額とは、年金受給者が勤務先から受け取る賃金と

過去１年間に受け取った賞与の合計額を12で割った額のことです。

年金受給者が働いていても総報酬月額相当額と基本月額の合計額が28万円に達するまでは年金の全額が支給されます。

総報酬月額相当額と基本月額の合計額が28万円を上回る場合は、総報酬月額相当額の増加分の半額に該当する年金額が停止されます。

総報酬月額相当額が47万円を超える場合は、さらに総報酬月額相当額が増加した分だけ年金が支給停止されます。

60歳から64歳までの在職老齢年金については、収入によっては全額カットされる可能性もあります。

◉ 60歳台後半の老齢厚生年金のしくみ

65歳以上の人が老齢厚生年金を受給しながら会社勤めをする場合も在職老齢年金制度が適用され、60歳台前半の場合と同様に受け取る

■ 60歳台前半の老齢厚生年金のしくみ

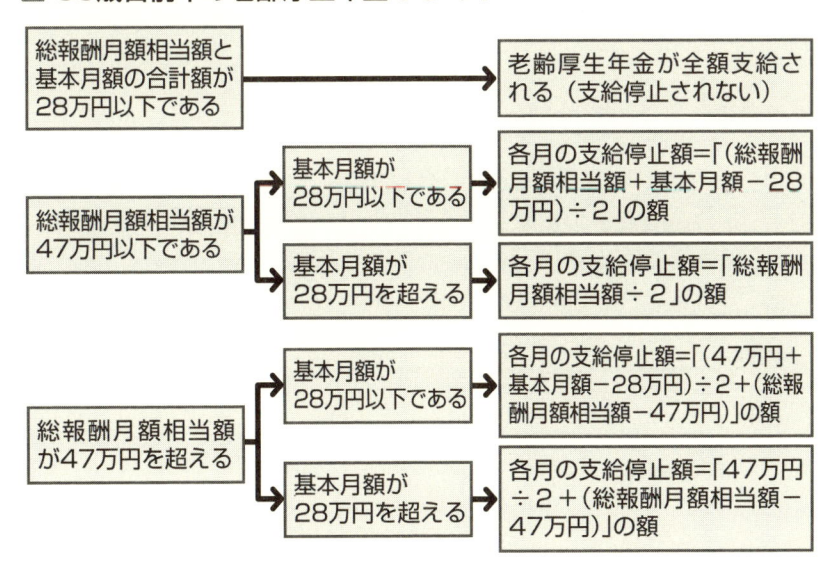

条件	基本月額	支給停止額
総報酬月額相当額と基本月額の合計額が28万円以下である	—	老齢厚生年金が全額支給される（支給停止されない）
総報酬月額相当額が47万円以下である	基本月額が28万円以下である	各月の支給停止額＝「(総報酬月額相当額＋基本月額－28万円)÷2」の額
総報酬月額相当額が47万円以下である	基本月額が28万円を超える	各月の支給停止額＝「総報酬月額相当額÷2」の額
総報酬月額相当額が47万円を超える	基本月額が28万円以下である	各月の支給停止額＝「(47万円＋基本月額－28万円)÷2＋(総報酬月額相当額－47万円)」の額
総報酬月額相当額が47万円を超える	基本月額が28万円を超える	各月の支給停止額＝「47万円÷2＋(総報酬月額相当額－47万円)」の額

第２章　年金受給のしくみと手続き

賃金の額に応じて老齢厚生年金の額が減額されます。

　ただし、調整のしくみは60歳台前半の在職老齢年金とは異なります。具体的には、基本月額と総報酬月額相当額との合計が47万円を超える場合に、その超えた分の半額に相当する年金額の支給が停止されます。そして、基本月額と総報酬月額相当額との合計から47万円を控除し、その額の半額が基本月額以上になる場合は、年金の支給が全額停止されます。ただし、経過的加算額や繰り下げ加算額の支給停止は行われません。

　厚生年金の被保険者は原則として70歳未満の者ですが、70歳を過ぎても厚生年金が適用される事業所に雇用され、健康保険の被保険者となっている場合には、65歳以上の人の場合と同様のしくみで年金額が調整されます。

　65歳以降の在職老齢年金については、給与収入がある場合に支給が停止されるのは老齢厚生年金だけであり、老齢基礎年金については全額が支給されます。60歳台前半の在職老齢年金と異なり、その人が受け取る年金の全額が支給停止されるということはありません。

■ 60歳台後半の老齢厚生年金のしくみ

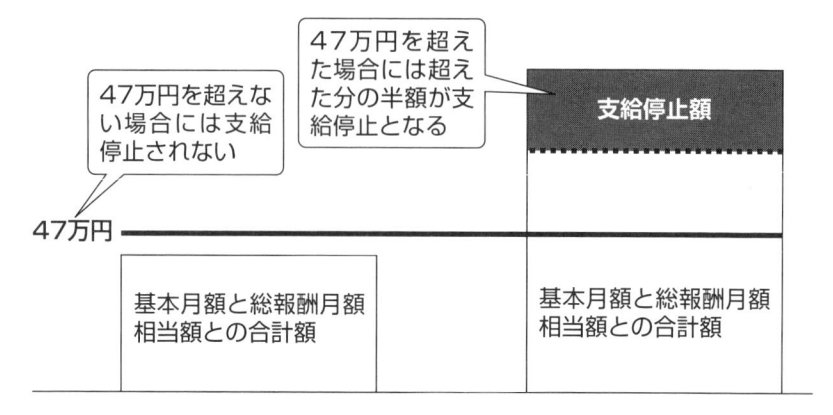

- 47万円を超えない場合には支給停止されない
- 47万円を超えた場合には超えた分の半額が支給停止となる
- 支給停止額

47万円

基本月額と総報酬月額相当額との合計額

基本月額と総報酬月額相当額との合計額

9 年金の併給やその他の給付との調整について知っておこう

年金受給の公平を期すために併給制度が認められている

● 老齢年金とその他の年金の併給

　年金制度には、年金の併給は「同一事由」に限るという原則があります。つまり、同じ「老齢」を目的とした、老齢基礎年金と老齢厚生年金、または「被保険者の死亡」を目的とした、遺族基礎年金と遺族厚生年金、というような場合です。しかし、この原則では、配偶者の遺族厚生年金をもらっているという理由から、保険料を払っていたのに自分の老齢年金は受け取れないという不平等が発生します。

　そこで、老齢厚生年金の受給権利をもつ65歳以上の遺族厚生年金の受給者には、次のような併給の措置が設けられています。

① 老齢基礎年金と遺族厚生年金の併給
② 老齢基礎年金と自分の老齢厚生年金の半分と遺族厚生年金の3分の2の併給

　このような老齢年金と遺族年金の併給者の場合、老齢厚生年金の全額支給が行われ、老齢厚生年金に相当する額の遺族厚生年金が支給されません。つまり、具体的な併給の額としては、まず、①と②のうちいずれか高い方の金額から、老齢基礎年金・老齢厚生年金の合計額を控除し、その差額分を「遺族厚生年金」として支給することになります。

　なお、障害基礎年金を受給しながら就労する場合の措置として、老齢厚生年金と障害基礎年金を併給することも可能になっています。

● 年金と雇用保険の基本手当や高年齢雇用継続基本給付金との調整

　老齢厚生年金の受給権は、早ければ60歳で発生しますが、60歳を過ぎても働く意思がある場合、年金とともに、雇用保険の基本手当を

受給することができる人がいます。

　ただ、働かないことを前提としている年金と働くことを前提としている雇用保険の手当を両方受給するというのは制度の意味合いにそぐわないため、両方受給できる者については、どちらか一方しか受給することができないしくみになっています。

　具体的には、雇用保険の基本手当をもらっている間は老齢厚生年金がストップするというしくみになっています。ただ、雇用保険の基本手当が1日でも支給された月について全額老齢厚生年金の支給を停止するとなると、逆に止めすぎという事態も生じえます。そのため、過度に停止した分については後日支給してもらえるようになっています。

　60～64歳の人が、60歳時点の給料と比較して75％未満の条件で働く場合、高年齢雇用継続基本給付金または高年齢再就職給付金を受給することができます。これらの給付金と、特別支給の老齢厚生年金は調整が行われ、年金の方を減額します。

　また、働いている以上、在職老齢年金のしくみも適用され、まず、在職老齢年金のしくみで減額する年金額を決め、その減額された年金額についてさらに高年齢雇用継続給付と調整します。

● 老齢年金と生活保護の給付の受給

　年金を受給している人でも生活保護を受けることができます。

　給付を受けられる条件は、厚生労働省が毎年定める「最低生活費（生活するために最低限必要な費用）」よりも収入が少なく、生活保護が受けるその他の要件が満たされていれば、年金の受取額と最低生活費の差額を生活保護から受け取ることが可能です。

　なお、最低生活費の算定元となる扶助制度は、生活扶助、住宅扶助、教育扶助の3種類です。これらの金額が最低生活費を超える場合は、生活保護を受けることができません。また、生活保護を受けるその他の要件とは、働く能力や就労の機会、資産や扶養義務などのことです。

10 60歳を過ぎても年金に加入できる制度を知っておこう

国民年金は70歳までは任意加入、厚生年金は70歳以降も加入できる

● 加入期間が足りない人は期間を補うことができる

　老齢基礎年金は最低でも25年加入して保険料を納付するか免除等の手続きをしないと年金を１円も受け取れないしくみで、極端な話、60歳になって初めて年金を受給できないことを知るケースもあります。

　ただ、保険料納付済期間、免除期間、カラ期間（受給資格期間にカウントするものの、年金額に反映されない期間）をあわせても25年にならない場合でも、60歳以降、年金をもらう資格ができるまで国民年金に加入できる制度があるため、まだ年金を受給できないことが確定したわけでありません。

　20歳から60歳までは国民年金は強制加入ですが、60歳以降は自分から申し出て、引き続き国民年金に加入するため、この制度のことを任意加入制度といいます。任意加入制度には次の２種類があります。

① **高齢任意加入**

　年金の受給資格期間が足りない、または受給資格期間の25年は満たしたものの年金額をより増額させたい、という60歳以上65歳未満の人が加入できます。

　たとえば60歳までに36年分の加入期間しかない人は60歳になって以降の４年間に任意加入することで、年金額を40年間の満額にすることができます。

② **特例任意加入**

　年金の受給資格期間が足りない人だけが加入でき、受給資格が得られると終了する制度です。昭和40年４月１日以前に生まれた65歳以上70歳未満の人で、日本国内に住所がある人や日本国内に住所はない

第２章　年金受給のしくみと手続き

ものの日本国籍をもつ人が加入できます。特例任意加入被保険者となるには厚生労働大臣への申し出が必要ですが、任意加入被保険者が65歳になった時点で老齢年金の受給権がない場合は、自動的に特例任意加入の申し出をしたとみなされます。

● 70歳を過ぎて厚生年金に加入することができる

　自営業者ではなく、会社員であれば厚生年金保険の加入者になります。厚生年金の場合、国民年金とは異なり、70歳まで強制加入になります。

　ただ、70歳になっても25年の加入期間という要件を満たしていない場合には、70歳後も引き続き厚生年金に加入できる**高齢任意加入**という制度を利用することができます。

　事業主がこれまでどおり保険料を半額負担することに同意した場合には保険料の半額を負担すればすみ、事業主が同意しなかった場合には高齢任意加入制度を利用する高齢者が保険料を全額自己負担しなければなりません。

■ 60歳を過ぎて年金に加入する方法

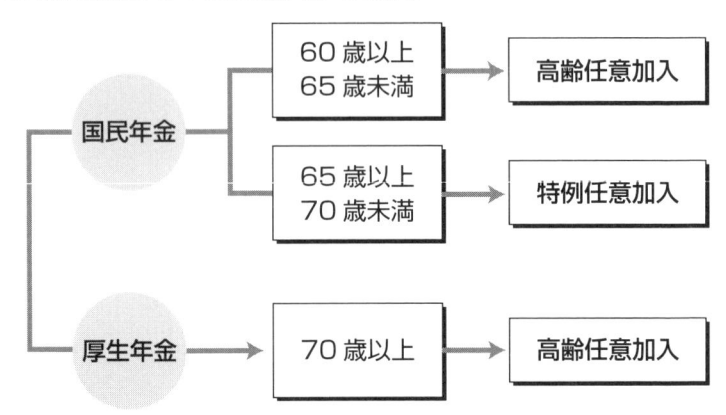

国民年金	60歳以上65歳未満	高齢任意加入
国民年金	65歳以上70歳未満	特例任意加入
厚生年金	70歳以上	高齢任意加入

11 老齢年金をもらうための手続きを知っておこう

年金は請求しなければいつまでも受給できない

◉「請求」しないと受給することができない

　年金の受給は「請求制」です。受給要件がそろっても、請求の手続きをしなければいつまでたっても受給ができません。

　年金の請求手続きを**裁定請求**といいます。裁定請求を行う場合は所定の書類に記入する必要があり、いくつかの添付書類をつけて提出

■ 年金受給の流れ

事前準備	・年金の加入歴、年金見込額を調べておく ・裁定請求書を入手する(年金事務所、市区町村役場など) ・添付書類の確認、取り寄せ　〔ただし、戸籍謄本などは誕生日前日以降取得する〕
年金の裁定請求をする	・裁定請求書と添付書類を年金事務所等へ提出する
年金証書・裁定通知書が送付される	
年金が支給される	・指定した金融機関の口座に振り込まれる 以後は、偶数月の15日に、前2か月分が入金される
毎年の誕生日	・以前は全員に現況届が送付されていたが、現在は、住基ネットが利用されているので住基ネットで確認できない人にだけ現況届が送付される
毎年6月頃	・年金振込通知書が送付される
毎年11月頃	・「公的年金等の受給者の扶養親族等申告書」が送付される
65歳になるとき	・「国民年金・厚生年金保険老齢給付裁定請求書」というハガキが送付される　〔65歳前から厚生年金を受給中の場合に送付される〕

第2章　年金受給のしくみと手続き　81

します。請求の前に、事前に何が必要かを確認しておいた上で、スムーズに手続きが進められるよう心がけます。

● 請求時に提出するもの

　請求手続きに必要な裁定請求書は、通常は受給年齢の3か月前に日本年金機構から送られてきます。添付書類のうち、戸籍謄本や住民票については、受給権が発生した日以降に取得したものが必要で、有効期限は3か月です。法律上は誕生日の前日にその年齢に到達したとみなされるため、受給権の発生した誕生日の前日以降に戸籍謄本などをとるようにしましょう。

　雇用保険の加入者の場合は、添付書類として雇用保険被保険者証が必要です。この被保険者証は非常に小さく、紛失するケースが多くあります。雇用保険被保険者証の再交付手続きは在職中の場合は会社に申し出ることで行います。すでに退職している場合は、自分で住所地の公共職業安定所（ハローワーク）で手続きをします。また、雇用保険に加入していないなど、雇用保険被保険者証が提出できない場合は、その事由書を提出しなければなりません。なお、場合によっては他にも必要な添付書類があります。

■ 老齢年金の受給手続きを行う請求手続先

	年金加入状況	請求先
厚生年金	最後の加入制度が厚生年金	会社を管轄する年金事務所
	最後の加入制度が国民年金	住所地を管轄する年金事務所
	最後の加入制度が共済組合	住所地を管轄する年金事務所（共済組合の分は共済組合へ請求する）
国民年金	国民年金第3号被保険者期間のみ	住所地を管轄する年金事務所
	国民年金第1号被保険者期間のみ	市区町村役場

※各地の年金相談センターでは、管轄を問わず受け付けている

12 厚生年金の離婚分割について知っておこう

夫の年金額が妻に分割される制度で、合意を要さない場合もある

● 合意分割と３号分割がある

　「離婚時の年金分割」とは、離婚すると女性の年金が少額になるケースが多いため、夫の分の年金を離婚後は妻に分割できるようにするという制度です。離婚分割制度には平成19年４月１日から施行されている合意分割制度と平成20年４月１日から実施されている３号分割制度があります。

　合意分割とは、結婚していた期間に夫が納めていた厚生年金保険に該当する部分の年金の半分につき、将来、妻名義の年金として受け取ることができる制度です。分割の対象となるのはあくまでも老齢厚生（退職共済）年金に限られ、老齢基礎年金は分割の対象にはなりません。報酬比例部分の２分の１（50％）を限度（共働きの場合は双方の報酬比例部分を合算して50％が限度）として、夫の合意があった場合に、妻独自の年金として支給を受けることができます。

　一方、３号分割とは、妻が第３号被保険者のときは、離婚の際、婚姻期間にかかる夫の厚生年金記録を夫の合意なしに分割してもらうことができる制度です。夫の合意が不要なのは平成20年４月以降の婚姻期間についてだけであるため、それ以前の分について合意分割を利用することになります。

● 具体例で見る年金分割

　たとえば、夫の年金額が老齢厚生年金約260万円（うち定額部分約80万、うち加給年金約40万円）、妻の年金額が老齢基礎年金約50万円（65歳からの支給）、老齢厚生年金０円（脱退手当金受給のため）とし

ます。

　このケースでは、妻の受け取る年金額は、老齢基礎年金の約50万円（月額にして4万2000円弱）だけということになります。

　ただし、合意分割が成立した場合には、夫の年金額260万円のうち、定額部分約80万円と加給年金額約40万円の計約120万円を分割の対象から除いた残った約140万円が分割の基礎となる老齢厚生年金の額となります。この140万円のうち、婚姻期間にかかる部分は140万円×（30年÷40年）＝105万円です。

　夫が年金の分割に応じた場合、この105万円のうちの50％にあたる52万5000円を限度として、妻に分割されることになります。月額にして4万3750円です。老齢基礎年金と合わせて月額8万5000円ほどの年金が妻に65歳以降に支給されことになります（受給資格を満たした場合に限る）。

　一方、3号分割については、妻が年金分割を請求した場合、たとえば、夫の標準報酬月額が38万円だったとすると、夫19万円、妻19万円という記録に書き換えられます。分割された厚生年金記録は、老後は妻の年金として計算されることになります。

◉ 離婚分割の手続き

　合意分割を行う場合、当事者間での公正証書（公証人という特殊の資格者が当事者の申立てに基づいて作成する公文書）による合意が必要になります。年金分割の請求は「標準報酬改定請求書」に必要な添付書類を添えて行います。

　提出先は最寄り（管轄）の年金事務所です。3号分割を請求する場合、離婚や事実婚の解消をした後に、標準報酬改定請求書に添付書類を添えて管轄の年金事務所に請求をすることになります。

13 遺族年金について知っておこう

加入者や受給権者の死亡時に家族へ支給される給付制度

● 遺族年金とは

　公的年金の加入者、老齢年金、障害年金の受給者が亡くなったとき、残された家族に対して支給されるのが**遺族年金**です。先立った人の家族の生活を保障することを目的とした給付制度です。

　遺族年金も老齢年金や障害年金と同様に、遺族基礎年金、遺族厚生年金があります。

　国民年金の加入者が死亡した場合は遺族基礎年金が、厚生年金保険の加入者が死亡した場合は、遺族基礎年金に加え、遺族厚生年金がそれぞれ受給できます。

　遺族年金の支給要件は、①死亡者が一定要件を満たす、②遺族が一定の範囲に該当する者、であることが必要です。

　遺族基礎年金の場合は、死亡日に国民年金に加入している、または過去に国民年金の加入者であった60歳から65歳の人で、日本国内に在住していたことが必要です。障害年金と異なり、死亡日に老齢基礎年金の受給権や受給資格期間を満たす必要はありません。保険料納付要件やその特例措置は障害年金と同じで、支給対象者は死亡者の配偶者か子になります。一方、遺族厚生年金の場合、遺族基礎年金と受給基準がやや異なるため、障害年金と同様に、遺族基礎年金を受給できないケースでも遺族厚生年金を受給できることがあります。

● どんな場合に遺族年金を受給できるのか

　遺族給付の中でも中心的な役割を果たすのが、年金形式で支給される遺族年金です。遺族年金を受給するためには以下の３つの要件を

第２章　年金受給のしくみと手続き

満たすことが必要です。
① 死亡したのがいつか
　まず、遺族年金を受給するためには、死亡した人が図（次ページ）の要件1を満たしていなければなりません。
② 一定の遺族がいること
　遺族基礎年金を受給できる遺族は、被保険者または被保険者であった者の死亡の当時、その者によって生計を維持されていた「子のいる配偶者」または「子」です。子どもがいない場合、配偶者は受給できないことになります。「子」とは、18歳未満の子、もしくは1、2級障害がある20歳未満の子のことを意味します。

　遺族厚生年金が支給される遺族の範囲は遺族基礎年金よりも広範です（次ページ図の要件2参照）。遺族厚生年金は、決められた優先順位の最先順位の人にだけ支給され、上位の権利者が受給した場合は、下位の権利者は受給権が消滅します。なお、被保険者または被保険者であった者が死亡した当時はまだ胎児の状態であった子が出生した場合は、その子は「生計を維持していた子」とみなされ、出生した時点で遺族厚生年金を受給する権利が発生します。
③ きちんと納めていること
　保険料納付要件は、死亡日の前日において、死亡日の月の前々月までの保険料を納めるべき期間のうち、保険料納付済期間と保険料免除期間の合計が3分の2以上あることです。

　ただし、障害等級1、2級の障害厚生年金の受給者、老齢年金の受給者または受給資格を満たしているものは、納付要件を満たしているものとして扱われます。また、平成38年3月31日までは、特例として、死亡日の月の前々月までの1年間に滞納がなければ受給することができます。

　つまり、死亡した人が生前にきちんと保険料を納めていないと、遺族は遺族年金を受け取ることができません。

● 前年の年収が850万円未満であることが必要

遺族年金を受給するためには、前述した要件に加え、受給権者自身の経済力に関する要件も満たさなければなりません。

遺族基礎年金が遺族の生活保障のために支給される年金であるためです。遺族自身が十分な収入を得ている場合、死亡者が稼ぐはずであった収入に頼らなくても自身で生活することが可能になり、年金を受給する必要性がなくなります。

■ 遺族給付を受給するための要件

要件1 死亡したのがいつか	遺族基礎年金	遺族厚生年金
	・国民年金に加入中 ・60歳以上65歳未満で日本在住 ・老齢基礎年金受給権者 ・老齢基礎年金の受給資格期間を満たす	・厚生年金に加入中 ・厚生年金に加入中に初診日があった傷病が原因で5年以内に死亡 ・障害厚生年金の1・2級の受給権者 ・老齢厚生年金受給権者 ・老齢厚生年金の受給資格期間を満たす

要件2 遺族の範囲（生計維持関係にあること）	遺族基礎年金			遺族厚生年金		
	※子または子のある妻のみ	死亡当時の年齢		※遺族厚生年金には優先順位がある		死亡当時の年齢
	子のいる妻	18歳未満の子のいる妻		1位	配偶者	（妻の場合）年齢は問わない （夫の場合）55歳以上
	子	18歳未満			子	18歳未満
				2位	父母	55歳以上
				3位	孫	18歳未満
				4位	祖父母	55歳以上

（年収850万円未満であること）

※表中の「18歳未満」は18歳に達して最初の3月末までをいう。また20歳未満で1・2級の障害の子も含む
※表中の「55歳以上」は55歳から59歳までは支給停止。60歳からの受給となる

要件3 死亡者が保険料納付要件を満たしているか（障害給付の要件と同じ）	遺族基礎年金・遺族厚生年金とも
	・死亡日前日の保険料を納めるべき期間のうち、保険料納付済期間と保険料免除期間の合計が3分の2以上あること ・平成38年3月31日までは、死亡日の月の前々月までの1年間に滞納がないこと

※老齢年金受給権者、受給資格期間を満たしていた人の死亡の場合は上記要件は問わない

第2章 年金受給のしくみと手続き

遺族基礎年金の受給が可能な受給権者とは、具体的には、前年の年収が850万円（所得では655万5,000円）未満である者です。この要件を満たせば、死亡者との生計維持関係が認められ、年金を受給することができます。

◉ 遺族年金の請求手続き

　遺族基礎年金は働き手である夫を失った家庭を支援する目的で定められたため、もともとは妻と子のみが受給権者とされていましたが、法改正により平成26年4月以降は父子家庭の支援も行われることになったため、受給権利を持つ対象者が「配偶者（夫・妻）」と子に拡大されています。

　遺族年金は、死亡した夫が国民年金だけに加入していたときは「子のいる妻か子のいる夫」または「子」だけが、遺族基礎年金の支給を裁定請求できます。

　一方、遺族厚生年金の場合には、父母や孫、祖父母なども受給権者となることができるという違いがあります。年金裁定請求後、2、3か月ほどで年金証書、裁定通知書が送付されます。年金は偶数月の15日に前月までの2か月分ずつ指定の口座に振り込まれます。その後、毎年現況届が送付されます。提出を怠ると年金が一時的に支給停止されます。

■ 遺族年金請求時の必要書類

死亡した人の年金加入状況		請求先
厚生年金		勤務先を管轄する年金事務所
国民年金	第1号被保険者	市区町村役場
国民年金	第3号被保険者期間がある場合	住所地を管轄する年金事務所
共済組合		加入していた共済組合

14 遺族年金はどの程度受給できるのか

受給対象の家族構成により金額が異なる

● 遺族基礎年金の受給金額

　遺族基礎年金は、子（18歳未満または1・2級障害で20歳未満）のいる配偶者、または、18歳未満または1・2級障害で20歳未満の者で、親が死亡している子が受給することができます。

　遺族基礎年金は子育て支援を目的の年金であるため、たとえば夫の死亡時に要件に該当する子がいない場合、その妻は遺族基礎年金を受給することができません。また、妻が死亡した時に子がいない夫の場合も、同様に受給することができません。

　遺族基礎年金の金額は、本体部分と子ども扶養のための加算部分で構成されます。本体部分は、老齢基礎年金と同じ金額の年間78万100円で、子ども扶養のための加算は、第1子と第2子が22万4500円、第3子以降が7万4800円（平成27年度の基準金額）です。なお、子どもが18歳以上になった場合などの支給要件から外れた場合は、年金の受給権は消滅します。

　また、子が受給する場合は、1人の場合は本体部分（78万100円）のみ、2人の場合は人数に応じて加算部分が増額します。

● 遺族厚生年金の年金額

　定額でわかりやすい遺族基礎年金に比べ、会社員の妻がもらえる遺族厚生年金は、原則は報酬比例部分×3分の4です。ただし、夫の死亡時期によって計算の方法が異なります。

　夫が老齢厚生年金の受給中、もしくは老齢厚生年金の受給資格を得た後に死亡した場合には、夫が加入していた期間の実期間をもとに

年金額を計算します（これを長期要件といいます）。

これに対して、死亡した夫が、①厚生年金の被保険者（現役の会社員）、②厚生年金の被保険者であった者で、被保険者期間中に初診日のある傷病で初診日から５年以内に死亡した、③障害等級１級または２級の障害厚生年金の受給権者であった場合には、加入月数が１か月以上あれば、加入月数を300か月（25年）あったとみなして計算します（これを短期要件といいます）。

また、遺族厚生年金は、「報酬比例」というしくみがとられており、死亡した人が支払っていた保険料が多いほど、遺族厚生年金の金額も多くなります。

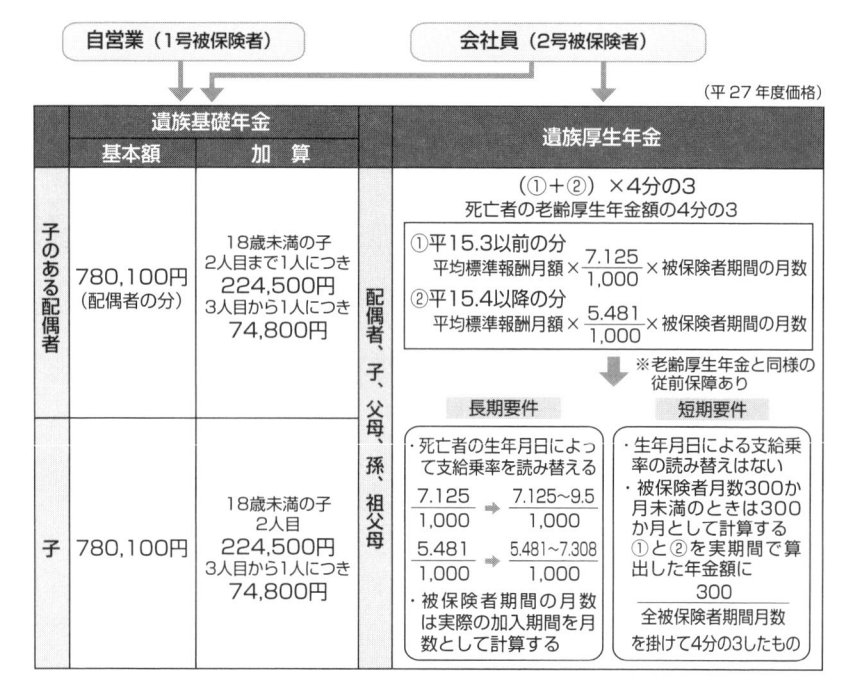

■ 遺族基礎年金と遺族厚生年金の受給金額

```
[自営業（1号被保険者）]   [会社員（2号被保険者）]
```

（平27年度価格）

	遺族基礎年金			遺族厚生年金
	基本額	加算		
子のある配偶者	780,100円（配偶者の分）	18歳未満の子 2人目まで1人につき 224,500円 3人目から1人につき 74,800円	配偶者、子、父母、孫、祖父母	（①＋②）×4分の3 死亡者の老齢厚生年金額の4分の3 ①平15.3以前の分 平均標準報酬月額×$\frac{7.125}{1,000}$×被保険者期間の月数 ②平15.4以降の分 平均標準報酬月額×$\frac{5.481}{1,000}$×被保険者期間の月数 ※老齢厚生年金と同様の従前保障あり
子	780,100円	18歳未満の子 2人目 224,500円 3人目から1人につき 74,800円		**長期要件** ・死亡者の生年月日によって支給乗率を読み替える $\frac{7.125}{1,000} \rightarrow \frac{7.125～9.5}{1,000}$ $\frac{5.481}{1,000} \rightarrow \frac{5.481～7.308}{1,000}$ ・被保険者期間の月数は実際の加入期間を月数として計算する **短期要件** ・生年月日による支給乗率の読み替えはない ・被保険者月数300か月未満のときは300か月として計算する ①と②を実期間で算出した年金額に $\frac{300}{全被保険者期間月数}$ を掛けて4分の3したもの

第3章

生活保護のしくみと手続き

1 生活保護は最低限の生活を営むためのセーフティーネット

国が最低限の生活ができるようにサポートする制度

● 生活保護という制度を知ることが大切

生活保護は、国民としての権利（生存権）に基づき、その制度を利用することで、現在直面している経済的危機を乗り越え、自立をめざすものです。厚生労働省の「被保護者調査」によると、平成27年6月時点の生活保護の被保護世帯数は162万5941世帯と増加の一途をたどっています（月別概要：平成27年6月分概数より）。また、現に保護を受けた世帯のうち、約半数が高齢者世帯です。

生活保護の内容について知っておくと、将来への不安を少しだけ和らげることができ、時には家族や友人の助けにもなることでしょう。

● 生活保護を受けるための要件と優先事項

生活保護を受給するためには、一定の要件を満たす必要があります。

たとえば、現金や預貯金、貴金属など、一般的に資産と呼ばれているものを持っている場合は、先にそれらを売却して生活費に充てる必要があります。また、働くことのできる人は、働く努力をすることが求められます。さらに、生活保護を受けたいと申請してきた者に対して扶養する義務がある人がいる場合には、まず扶養義務者（申請者の配偶者や両親、子どもなど）からの援助を受けることが優先されます。

なお、年金や雇用保険など、生活保護以外に申請者が需給できる法律や制度がある場合は、まずその受給手続きを行うことが優先され、もらった年金や雇用保険の額が生活保護基準に足りない場合には、その足りない部分が生活保護費として支給されます。

● 生活保護基準とはどんなものなのか

　生活保護は原則として生計を同一にしている世帯ごとに受給が行われます。世帯の中に入院している者がいて、その医療費にかなりの金額がかかり、生活が苦しくなっているような場合には、例外的に世帯を分けるなどの処置をすることもあります。

　また、**生活保護基準**とは、その世帯の人数や、年齢などによって決められるもので最低生活費の金額となるものです。最低生活費とは、水道光熱費や家賃、食費など、生活に必要となる最低限の費用です。

　これら生活保護基準は、国民が健康で文化的な最低限度の生活を営むことができる水準であるとされており、世帯合計の収入や資産がこの生活保護基準を下回る場合は、生活保護の受給対象となります。厚生労働省では生活保護の基準額表を毎年公表していますから、これで自分に生活保護を受ける「資格」があるかどうかをチェックしてみるとよいでしょう。最近では、平成27年4月に基準額が見直されています。

　なお、この生活保護基準は市区町村によってその金額も違います。物価の高い地域では基準額も高めに設定されています。

● 収入の認定と支給額の算出

　働いて得た収入はもちろん、仕送りや年金も収入として扱われます。実際は、一世帯に入ってきた収入から社会保険料（給料から天引きされる場合はこの限りではありません）などの必要経費を控除した金額が収入として認定されます。

　生活保護を受給した後でも、これらの認定された収入がある場合は、生活保護費は収入認定額を差し引かれた分だけが支給されることになります。ただし、世帯に入ってくる金銭のうち、冠婚葬祭による香典や祝い金など、社会通念上、収入とすることが適当でないものに関しては、収入として認定されることはありません。

第3章　生活保護のしくみと手続き

このようにして認定された世帯の収入認定額と生活保護基準で定められている最低生活費を比較して、申請世帯が生活保護の受給対象となるかどうかが判断されます。収入認定額が生活保護基準額より少ない場合は、生活保護が支給されます。支給額は原則として最低生活費から収入認定額を差し引いた金額となります。

◉ どんな場合に生活保護が受けられるのか

世帯主が家にお金を入れない場合、残された家族が生活保護を申請しようとしても、認められることは難しいといえます。生活保護は世帯を単位として、その収入が最低生活費よりも多いか少ないかという基準で認定するため、世帯としての収入があるこのような場合には、適用は難しいと言わざるを得ません。

ただし、離婚が成立し、妻が新しく世帯主となって生活保護を申請する場合には、生活保護の申請ができます。この場合、受給が決まったら、すぐに別居する必要があります。夫からの慰謝料や、親族からの援助支援が期待できないことを説明し、生活保護を受けなければ生活できないことを福祉事務所の担当者に納得してもらえれば、生活保護を受けることができるでしょう。

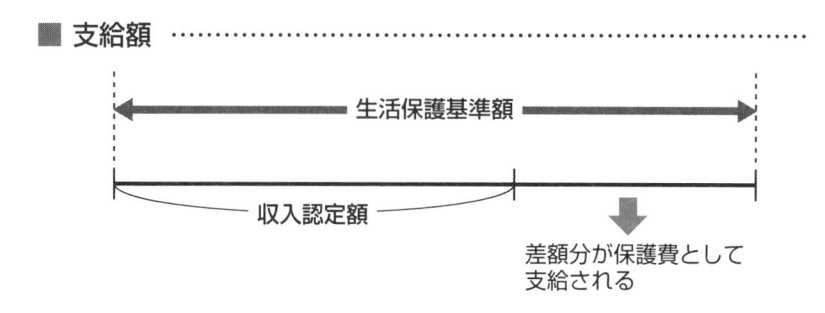

■ 支給額

生活保護基準額

収入認定額

差額分が保護費として支給される

2 扶養義務について知っておこう

扶養義務のある人には、扶養照会の書類が送付される

● 3親等内の親族には扶養義務がある

　生活保護を受給できるかどうかの大きな境になる審査項目の1つが、**扶養義務**のある親族からの援助が受けられるか受けられないかということです。扶養義務のある親族に援助してもらえる場合は、生活保護を受けられないか、または受けられたとしても減額支給されることになっているのです。

　扶養義務のある親族とは、3親等内の親族のことです。このうち、申請者の親、配偶者、子ども、兄弟姉妹といった人は法律上扶養義務があることが明記されていることから、絶対的扶養義務者といわれ、生活保護を申請した場合に、まず、援助できないかが問われます。

　また、扶養義務には自分の生活に支障が生じても生活保護基準以上の生活をさせなければならない生活保持義務と、自分の生活を損なわない範囲で支援を行えばよい生活扶助義務がありますが、配偶者は、「生活保持義務関係」にある者とされ、扶養義務が最も強く求められます。絶対的扶養義務者以外の3親等以内の親族（祖父母や叔父叔母など）については、過去や現在において申請者やその家族を援助している場合など、特別な事情がある場合には扶養義務を負わせることができます。この場合に扶養義務を負う人のことを相対的扶養義務者といいます。

　なお、本人が離婚している場合、子どもについては、元配偶者にも扶養照会の書類が送られます。子については、元配偶者であっても生活保持義務関係者としての責任があるからです。

第3章　生活保護のしくみと手続き

● 兄弟などの扶養責任が重視されるようになった

　申請をすると、福祉事務所では扶養義務者に対し、申請者を援助できるかどうかについて質問する書類を送ります。これを**扶養照会**といいます。扶養照会は、決して強制ではありません。つまり、「扶養できる経済的力があるならば、必ず扶養せよ」という強制力のある書類ではないということです。

　しかし、生活保護費の不正受給の問題が注目を集める昨今では、親族がもっと扶養義務を果たすべき」という声が高まっていました。

　このような社会の声を受けて、平成26年7月施行の生活保護法の改正では、扶養義務者が扶養義務を履行していない場合、要保護者の生活保護の開始決定について、当該扶養義務者に書面で通知する旨が規定されました（24条8項）。また、扶養義務者の資産や収入等について、本人はもちろん、扶養義務者の勤務先や利用している金融機関等に対しても報告を求めることができるようになります（28条2項、29条1項）。つまり、生活保護の申請をすると、要保護者の親兄弟に連絡が行き、扶養責任を果たすよう、強く要求されるということです。

　ただし、これにより親兄弟に困窮を知られたくない要保護者が申請を取りやめる、保護開始を知った扶養義務者が「体裁が悪いから申請するな」と要求するといったことが増加する可能性があるとの指摘もあります。

● 金銭以外のサポートもありうる

　金銭面での扶養ができなくても、訪問して精神的な支えになるといったサポートができる場合は、扶養照会の書類にその旨を書くようにしましょう。申請者にとって心強い味方に感じられるのはもちろんですし、支えになってくれる人がいてくれるということは、生活保護を受ける上で優位な判断材料にもなるからです。

3 生活保護の受給をめぐる問題について知っておこう

福祉事務所に相談する前に問題を整理しておくとよい

● 住所不定の人はどうするのか

　生活保護は福祉事務所に申請します。生活保護は、現在困窮している場所を管轄している福祉事務所が、生活保護を与える権限と義務を負うという「現在地主義」を採用しています。また、住所不定の人や野宿や路上で生活する人の場合、本人が選んで出向いて相談を行った福祉事務所が保護を行う義務を負うことになります。

　なお、今住んでいる家賃が特別基準額よりも高い場合など、福祉事務者が転居の必要性ありと認めた時は、生活保護を受けてからすみやかに転居するように指導されます。転居指導を受けた場合は、敷金、礼金、引越し費用などとして、一定額の転居費用が支給されます。

● 収入をチェックする

　収入は、最近3か月分を3で割って平均をとるようにします。その平均額が生活困窮者の大まかな基準である10万円前後（1人世帯、ただし、地域差があります）に満たなければ生活保護を受けられる可能性が高くなります。慢性の病気で多額の医療費を払っている人は、収入からさらに医療費を引いて計算することができるため、平均した収入が10万円前後を超えていても十分に資格はあります。

　また、借金がある場合に生活保護を受けるためには、自己破産や任意整理を行って借金を整理する必要があります。この整理は通常は弁護士や司法書士などに委任することになります。専門家に高い費用を支払うのには無理がある場合は、法テラス（日本司法支援センター）の法律扶助制度をうまく活用しましょう（一定の要件を満たしていれ

ば、毎月かかった費用を分割で支払っていくことができます)。

◉ 世帯分離と別世帯との違いは

　生活保護は世帯単位で保護を行う制度ですが、世帯の一部を同居の家族と分けて保護するために世帯分離が行われることもあります。よくあるケースが、高齢者の医療費負担に伴う世帯分離です。同居している家族の高齢者が入院している場合、入院が長期に渡ると、医療費が家族の生活を圧迫するケースも出てきます。そのような場合、特別に入院中の高齢者だけを分離して、医療費を大幅に軽減することができます。その他にも、世帯分離が認められることはありますが、「世帯員のうちに、稼働能力があるにもかかわらず収入を得るための努力をしない者がいるが、他の世帯員が真にやむを得ない事情によって保護を要する状態にある場合」といった要件を満たすことが必要です。

　一方、別世帯とは、生活の場も家計も完全に別々な状況をいいます。

■ 世帯分離と別世帯

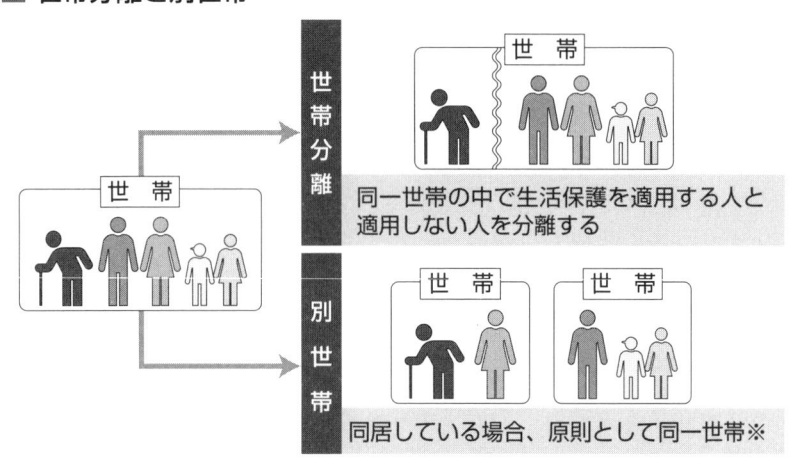

世帯分離：同一世帯の中で生活保護を適用する人と適用しない人を分離する

別世帯：同居している場合、原則として同一世帯※

※　ただし、同居していても、子どもの独立費用を貯める必要がある場合など、例外的に別世帯として扱われる場合がある

4 一定の資産があるとどうなる

資産があっても生活保護を受けられることがある

● 資産は最低限度の生活を維持する上で必要な範囲に限られる

　よく預貯金が全くない状態でないと生活保護を受けることはできないと勘違いされることがありますが、預貯金や現金も一定額を超えなければ、ある程度の蓄えがあったとしても、生活保護を受けることは可能です。ただし、生活保護が認められるためには、資産は健康で文化的な最低限度の生活を維持する上で必要な範囲に限られます。現金・預貯金の資産を保有していてもよい限度額とは、おもに生活扶助、住宅扶助、教育扶助の合計額の半分とされています。

　また、現金や預貯金以外にも、以下のようなものも資産と判断されています。生活保護では、原則として預貯金以外の資産を保有することは認められていません。資産を処分することで生活に支障をきたすことになる場合を除き、これらを保有している場合は処分を行い、生活費の足しにすることが求められます。

① **持ち家や土地**

　持ち家や土地は、売却するか貸し出すなどして、換金を行います。売却か賃貸かの判断は、収益性や換金性の面を考慮して判断されますが、とくに家や土地は、売りに出してもすぐに売却されて換金できるとは限らないのが特徴です。まだ資産が手元に残っているからといって、それが売れて収入となるまで生活保護の支給を先延ばしにするわけにはいきません。このような換金に比較的時間を有するような資産を保有している場合は、まず生活保護の支給が先に行われます。これによって扶助費などは事前に受け取ることができるようになりますが、資産が売却されて収入ができた時点で、それまで受け取っていた扶助

費は返還する必要があります。また、持ち家などがどうしても必要不可欠であれば、処分をしなくても、生活保護を受けることができます。

なお、持ち家の人が生活保護を受けている場合、家の補修に必要な費用は生活維持費として支給されます。ただし、支給されるのは、あくまでも最低限度の生活を維持する上で必要な補修の費用だけです。

② 乗用車・家具家電

基本は売却・換金して生活維持のために活用します。ただし、とくに自動車や家具、家電などについては、たとえ資産という性質を持っていたとしても、売却してしまっては生活が成り立たない場合もあります。そのため、これらの物を処分することで最低限度の生活が保てないと福祉事務所が判断した場合には、保有し続けることが認められています。たとえば、自動車であれば、障害者や、公共交通機関の利用がきわめて困難な地域に住む被保護者が通勤のために必要とする場合、あるいは障害者が通院・通所・通学などのために特別な事情がある場合です。

③ その他の資産

その他、株式、債権や生命保険なども原則として資産とみなされます。債権は、回収し、生命保険は解約して生活費の代わりにします。

しかし、生命保険については、換金額が少額（最低生活費の3か月程度、または30万円以下が一応の目安とされています）である場合は、保有し続けることも認められています。

申請者の資産をどのように処分するか、保有していてもよいかなどの判断は、現状では福祉事務所の判断にまかされています。福祉事務所は、前例に基づいて資産の扱い方を決定しますが、現実は、申請者個々の生活環境も経済状況もさまざまだといえます。生活保護は、本来、自分のあらゆる財産を活用しても最低限度の生活ができない場合に保護を受けることができる制度（補足性の原理といいます）であり、資産の活用についても、利用者側と福祉事務所側との間に認識の

ズレが起こりやすいことが問題視されています。

■ 生活保護と保有できない財産

財産	保有の可否（原則）	理由・注意点
持ち家	△	住宅ローンのない持ち家であれば住みながら生活保護を受けることができる。住宅ローンが残っている場合には自宅の処分が必要。
自動車	×	自家用車の保有は原則として不可。身体障害者で通院に必要な場合や交通の便が極端に悪い場所に住んでいる場合には、例外的に保有が認められる。
電器製品・生活用品	△	ぜいたく品の保有は不可だが、その地域での普及率が7割を超えるものの保有は可能。個々のケースの判断になるが、携帯電話・パソコン・クーラー・テレビの保有は一般的には認められる傾向にある。ただし、最新式大型3Dテレビなど、一般家庭でもそれほど普及していないものは売却指示の対象になる。
現金・預貯金	△	現金や預金の合計が最低生活費以下であれば保有したまま生活保護を申請できる。ただし、基準の半額を超える分は最初の保護費から差し引かれる。
株などの有価証券や貴金属	×	換金性が高いため、売却が必要。
生命保険の保険金の受給	△	保有が認められる生命保険の保険金の受取りは可能。ただし、福祉事務所に申告して保険金の分についての医療費や生活保護費は返還することが必要。また、貯蓄性の高い保険は解約して払戻金を生活費に当てることが求められる。

5 収入があると生活保護は受けられない

あらゆる手を尽くしても生活できない場合にのみ受け取れる

● 手持ちの保有資金はどのくらいまで認められるのか

　生活保護は、あらゆる手段を使っても生活ができなくなった状況になって初めて適用されます。したがって、収入が最低生活費を上回る場合はもちろん、最低生活費以下の収入しかなくても、貯金がある場合は、それを使い切ってからでないと申請できないのが原則です。しかし、貯金がゼロにならなければ申請できないというのも、あまりに杓子定規な考え方です。そこで、生活保護法では、申請できる貯金（手持ち金）を最低生活費の50％以下と定めています。つまり、1か月の生活費の半分まで貯金がなくなったら、申請できるというわけです。

● 貯金はできない

　生活保護費から貯金することは認められているのでしょうか。最高裁判所は、生活保護の目的に適う貯蓄は資産にあたらないため保有を認めるという判断をしています。ただし、一般的に蓄財と判断されるような貯金は生活保護法の予定しているものではないという判断も示しています。つまり、社会通念上、将来の生活に最低限必要な費用を生活保護費から少しずつ貯蓄し、金額的にも多額にならない場合は、貯金も認められると考えてよいでしょう。

● 生活保護を受けながら借金を返済することはできない

　貯金をすることは、条件によっては許される場合もありますが、借金の返済に生活保護費を充てることはできません。生活保護を受けている間は支給されている保護費から借金を返済してはいけないこと

が法律上、明記されているからです。生活保護は最低限の生活を維持するために支給されます。借金の返済に回せば、生活が圧迫され、最低限の生活も維持できなくなるおそれがあります。また、生活保護費から借金を返済してもよいということになると、たとえば自動車ローンを返済した場合、生活保護費で自動車購入を認めることになってしまいます。

生活保護を受けようとする場合は、借金は、自己破産などで精算するか、自立した後で返済するよう、債権者と話し合うようにしなければなりません。

● 老後も住宅ローンが残っている場合はどうか

生活保護費で借金を返済してはいけないのですから、住宅ローンの支払いもできません。これを許してしまうと、生活保護費で家を買うことに結びついてしまうからです。ローンの毎月の返済額が住宅費補助である特別基準額より少ない場合でも、返済に使うことは許されません。

住宅ローンが残っている場合は、家を売却するなど、財産整理の手続きを進めると同時に生活保護を申請することになります。

■ 生活保護の申請と現金の保有

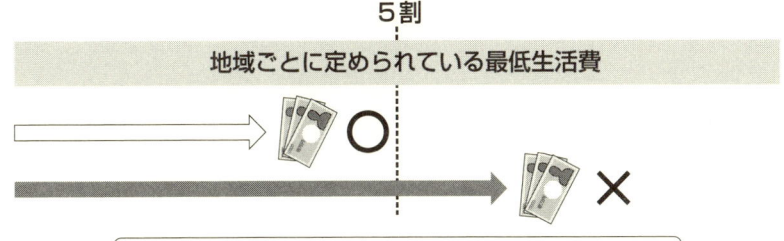

5割

地域ごとに定められている最低生活費

地域ごとに定められている最低生活費の5割までの現金の保有は認められる

6 生活保護の申請ではどんな書類が必要なのか

本人または家族が申請する

● 申請手続時の提出書類の厳格化

　従来、生活保護の申請については、必ず用意すべき書類はなく、口頭での申請も認められていましたが、生活保護法の改正により、平成26年7月からは、原則として申請書の提出が必要になります。申請書の記載事項は次のとおりです（生活保護法24条）。
① 　要保護者の氏名、住所（居所）
② 　申請者と要保護者が異なるときは、申請者の氏名、住所（居所）、要保護者との関係
③ 　保護を受けようとする理由
④ 　要保護者の資産および収入の状況
⑤ 　その他厚生労働省令で定める事項
　さらに、保護の要否や内容を決定するために必要な書類の添付が求められています。このように申請手続きが厳格化されることにより、今までより申請に時間がかかったり、書類を準備できない要保護者は申請できないといった事態が起こることが懸念されています。

● どんな書類を持っていくのか

　相談にあたって準備しておく書類を確認しておきましょう。この他にも事情を説明するのに必要だと思うものがあれば、その書類などを持っていって相談するとよいでしょう。
① 　最近3か月間の給与明細書
　仕事をしていない場合は、当然ですが持参の必要はありません。
② 　銀行や郵便局の預貯金通帳の全部（定期預金などを含みます）

持っているすべての通帳に当日の残高を記録して持参する方がよいでしょう。記録漏れがあって申請ができないというわけではないですが、他にも財産があるのを隠していたと思われると生活保護を受けるにあたり不利になります。

③ **賃貸住宅（アパートなど）の契約書、家賃の領収書**

部屋の賃貸借契約を結んだ際に不動産業者から渡される賃貸借契約書と家賃の払込みの記録がわかるもの（賃貸人に直接支払いの場合は賃貸人が印鑑を押す手帳、振込の場合は通帳）が必要です。現在、所定の住まいがない場合は当然、用意する必要はありません。

④ **自分の世帯で年金や恩給・児童扶養手当、障害手当などを受給している者がいる場合はそれら公的扶助に関する書類**

現に年金をもらっている場合は、生活保護基準額との差額が生活保護の金額になります。

⑤ **健康保険証、介護保険証、障害者手帳など**

生活保護を受けた場合には、医療費や介護保険費は生活保護の医療扶助や介護扶助でまかなわれるため、保険証などを自治体に返却することになります。その手続きのために必要になりますので、古いものでもあれば持参するようにします。

■ **生活保護の申請**

本人または親族 → 申請書や添付書類の提出が必要！ → 福祉事務所

- 給与明細書
- 印鑑
- 預貯金通帳
- 健康保険証　など

⑥ 不動産の登記簿

　不動産（土地や建物）を持っている場合には、登記事項証明書を持参します。登記事項証明書は法務局で入手します。

⑦ ガスや水道などの公共料金

　領収書などを持っていきます。

⑧ 印鑑

　認印でもかまいません。

■ 生活保護の申請時に準備しておく書類 ……………………………

書　類	内容・注意点
銀行預金通帳、郵便貯金通帳	残高の確認を行うために提出する
健康保険証	申請が認められれば健康保険証は返還するため、提出する
介護保険証や保険料の通知	40歳未満であれば不要
何らかの手当を受けている人はそれが確認できる書類	児童手当や障害給付などを受けている人は、その書類
過去3か月分の給与明細	直前まで会社勤めをしていた人は提出する
生命保険証、簡易保険証	民間の保険に加入している人は保険証書を提出する
老齢基礎年金や老齢厚生年金等の証書・書類	60歳以上の人など、年金受給権がある人は提出する
部屋の契約書、家賃通帳	アパートなどに住んでいる人は部屋の契約書を提出する
不動産の登記事項証明書、登記済権利証	不動産を所有している場合には権利者であることがわかる書類を提出する
公共料金の領収書	電気・ガス・水道の利用料金がわかる書類
印鑑	申請書に押印する印鑑。認印でも可
その他	求職活動をしていることがわかる手帳・ノート。子など扶養義務者の連絡先を書いた書類などの提出を求められることがある

7 申請手続きの流れはどうなっているのか

生活保護の申請を行うと福祉事務所による調査が行われる

● 誰が申請するのか

　生活保護の申請をすることができるのは、原則として本人または家族（配偶者や子、両親などの扶養義務者）です。

　国の方から進んで保護をしてくれるというわけではなく、本人などによる申請が必要になるということは知っておく必要があります。

　ただし、本人に緊急の病気・ケガといった事態が生じ、自ら福祉事務所を訪問することができないようなケースでは、福祉事務所の職権によって保護が行われることがあります。

● どのような手続きをするのか

　生活保護を受給するには、まず、生活保護の申請を行う必要があります。生活保護の申請は、住民票のある市区町村を管轄する福祉事務所で行います。申請の際には相談員との面接があり、最終的にはさまざまな書類を提出することになりますので、事前に電話で連絡を行うとよいでしょう。

　生活保護の申請の際には、保護申請書を作成・提出します。その他、福祉事務所の判断により、資産申告書や給与明細書、就労状況申告書などを提出することになります。また、本人の収入調査の際、福祉事務所が財産調査を行うこともあるため、調査についての同意書への署名を求められることもあります。申請書や同意書の様式は地域によって異なりますが、記載事項はおおむね掲載した書式のとおりです（110～111ページ参照）。

　なお、生活保護の受給が行われるかどうかの決定は、申請から14

日以内に通知されることになります。しかし、生活保護の調査は扶養義務者に対して申請者を扶養することができないか確認をとる必要もあるため、決定の通知が遅れる場合もあります。

　申請の手続きが行われた後は、福祉事務所の担当員（ケースワーカー）が申請世帯の自宅の訪問調査を行います。訪問調査では、申請者以外の同世帯員とも面談などを行い、本当に生活保護の支給が必要かどうかの判断材料とします。これらの調査結果をもとにして生活保護の要否判定が行われます。

● 受給後はどうなるのか

　生活保護の受給が決まった後は、原則として申請の日の分から支給されます。例外的に過去にさかのぼって支給されることもありますが、逆に資産や収入の面から、扶助が必要となる日までは支給されない場合もあります。

　生活保護の受給後は、定期的に福祉事務所の担当者による家庭訪問が行われます。家庭訪問は、生活保護の不正・不適正受給を防止することを目的として、資産および収入、就労や求職活動の状況、健康状態、扶養の状況などの調査のために行われます。なお、不正受給の罰則は、3年以下の懲役または100万円以下の罰金です。また、不正受給した保護費の徴収にあたっては、徴収する額に100分の40を乗じた金額の上乗せが認められています。

● 生活の維持・向上に努める

　生活保護利用者は、生活の維持、向上に努めなければなりません。そのため、生活指導やその人の能力に応じた就業を行うことを指導されることがあります。なお、生活保護の利用世帯は住民税などの税金がかかりません。しかし、申請以前に税金の滞納がある場合には、支払期間に猶予が与えられはしますが、滞納分が帳消しになることはありません。

■ **生活保護申請から決定までの流れ**

福祉事務所に行く	●市区町村役場や福祉事務所に行き、生活に困っていることを伝える
面接相談	●相談担当者（ケースワーカーなど）により面接相談が行われる ●現在の生活状況や、収入や資産の状況などを伝え、他に利用できる制度はないか、今後の生活をどうしたらよいかなどを話し合う
申請受付	●生活保護を申請するしか方法がないと判断されたときには、保護の申請をすることになる
資力調査（ミーンズテスト）	●申請に基づいて、ケースワーカーが世帯の収入や資産、扶養義務者から援助が受けられるかどうかなどを調査する
保護の要否判定	●調査に基づいて、申請者に保護が必要かどうかの判定を行う
保護の決定	●「生活保護を適用する必要がある」と判定されたときは、福祉事務所で生活保護の適用が決定される。「保護は必要ない」という判定となったときは、申請却下の決定が行われる 判定に不満があるときには通知を受け取った日から60日以内に知事に対して審査請求の申立てをすることができる
生活保護費の受給	●生活保護が決定されると、通常は窓口に来所するように指示され、その場で第1回目の保護費が渡される ●保護受給中は定期的に担当のケースワーカーの家庭訪問がある
受給後の生活	●生活の維持向上に努める

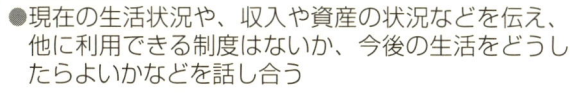

書式　保護申請書

保 護 申 請 書

| 世帯番号 | |

平成　○○年　○月　○日

（あて先）
　　○○福祉事務所長
　　　　申請者住所　　○○市　　○○町　　○丁目　　○番　　○号
　　　　　　　　　　　方　　　TEL ○○○（○○○）○○○○
　　　　　　氏名　甲山　太郎　㊞
　　　　　　　　　　　　　要保護者との関係

次のとおり生活保護法による保護を申請します。

| 現 住 所 | ○○市　　○○町　　○丁目　　○番　　○号 |

保護を受けたい人	氏　名	続柄	性別	生年月日	年齢	職業・学校・学年	学　歴	健康状態
	甲山太郎	本人	㊚・女	昭和30年1月13日	53	無職	高校卒業	不良
			男・女					
			男・女					
			男・女					
			男・女					
			男・女					
			男・女					

| 保護を受けたい理由 | 腰の病気を患い、手術をしましたが、未だに痛みがとれず働くことができません。生活費ばかりか医療費もままならず生活に困っています。 |

援助者の状況、親兄弟、親族、その他	氏　名	続柄	年齢	職　　業	現　住　所
	甲山花子	母	75	無職	○県○市○町○丁目○番○号

書式　同意書

同　意　書

　保護の決定又は実施のために必要があるときは、私の資産及び収入の状況につき、貴職が官公署に調査を嘱託し、又は銀行、信託会社、私の雇主、その他の関係人に報告を求めることに同意します。

平成　○○年　○月　○日

　　　　　　　　　住所　○市○町○丁目○番○号
　　　　　　　　　氏名　甲山　太郎　　　　㊞

8 家庭訪問について知っておこう

定期的にケースワーカーが訪問し、指導を行う

● どんな目的で行うのか

　生活保護の大きな目的の1つは、受給者が自立して生活できるよう支援することです。ですから、世帯が抱える問題、世帯の生活状況、現在の収入の状況などを細かく把握して、自立の後押しができるように担当のケースワーカーが家庭を実際に定期的に訪問し、直接面談を行うことにより、その現状を知ることは極めて大事な事です。

　生活保護の受給を受けている側も、チェックされているという意識を持つだけでなく、自分ではわからない各種申請の方法を尋ねたり、自立のために問題になっていること、就労で悩んでいることなどを積極的に相談してみるべきでしょう。

● 何回くらい来るのか

　生活保護の実施要領というものがあり、家庭訪問は少なくとも1年に2回以上、入院、入所訪問は少なくとも1年に1回以上訪問して、生活状況を実際に調査することが規定されていますので、それに基づいて訪問計画が実施されます。

　実際には1か月から6か月の間に1回程度となることが多いようですが、このように訪問期間に幅があるのは保護者によって状況が異なり、指導が必要と思われる保護者に対してはそれだけ頻繁に訪問、指導を行っているからです。訪問の際には実際の生活状況を見るために、事前に連絡が来ることはほとんどありません。ケースワーカーの勤務時間は、通常午前9時から午後7時までとなっていますので、大体はこの時間帯に訪問を受けることになります。早朝や夜の遅い時間

帯に訪問されることはほぼないと考えてよいでしょう。

● どんな指導をするのか

受給者によって、その保護の理由や生活状況が異なりますので、指導の内容がこれといって決まっているわけではありません。ただし、健康に問題があり仕事ができないという理由で保護を受けているにもかかわらずたびたび留守がちであったり、申告していない収入があった場合には、厳しく調査され、問題があれば厳しい指導も考えられます。通院している場合には直接医療機関を訪問して調査することもありますので、虚偽の報告や申告漏れなどがないようにしましょう。何度か注意や指導を受けたにもかかわらず、改めない場合には、生活保護が停止されたり廃止されたりする可能性があることを十分に心にとめておく必要があります。

また、働ける状態にある受給者には、就労指導が行われます。ハローワークで積極的に求職活動をしている場合には、データベースで検索をしたり、窓口で職員の指導を受けたりしているはずですので、その記録を見せる必要が出てくることもあるようです。

● 指導が不適切な場合もある

非常にまれな例ですが保護者に自立を促すあまり、不当な発言や不適切な指導を行ってしまうケースもあるようです。ケースワーカーも法律に基づいて指導しているわけですから、個人の判断や価値観だけで指導してよいわけではありません。不適切な指導が続くようであれば「福祉事務所へ指導内容の問い合わせをする」「指導内容を書面にしてもらい、そこに署名を求める」といった方法で、客観的な証拠を残し、第三者にもその不当な指導を確認してもらえるようにしましょう。

9 福祉事務所に相談する

相談から保護が決定されるまでの流れをつかんでおく

● 現在住んでいる場所の福祉事務所に申し立てることができる

　生活保護について相談したいと思った場合は、まず、市区町村役場などに設けられている生活保護相談窓口である**福祉事務所**（あるいは役所・役場の福祉担当課）に行きます。

　福祉事務所の受付で生活保護の相談に来た旨を伝え、相談カードに必要事項を書き込みます。カードを受付に提出すると、相談員は過去にあなたが相談に来たか、そのときはどのような用件でどのような結論が出たかなどの履歴を調べた後に、面談が開始されます。

　市区町村の福祉事務所では、ケースワーカーが相談に来た者の話を聞いて、一緒に解決策を考えてくれます。このとき、ウソをついたりや隠しごとをせずに、なぜそのような生活を送る状況になったのかを、誠意をもってはっきりと正確に説明する必要があります。

　ケースワーカーが相談者の話を聞いて生活保護の必要がありそうだと判断すれば、申請用紙を渡されるので、必要事項を記載して提出をします。その後、家庭訪問や資力調査（ミーンズテスト）を行って、生活保護を適用するかどうかを決定します。

　なお、生活保護を受ける十分な理由があるにもかかわらず福祉事務所が申請をさせないこともあります。そのような場合に備えて自分で申請書を作成して提出するという方法があります。

● ケースワーカーは必ずしも頼れる存在とは限らない

　生活保護を受けることになった場合には、担当のケースワーカーと信頼関係を結ぶ努力をしなければなりません。しかし、一方で、

ケースワーカーも役所の一公務員であるという側面があることを忘れてはいけません。

そのため、生活保護の申請に行くときは、ケースワーカーに頼りきりになるのではなく、「健康で文化的な最低限度の生活を送る」という国民の権利を強く求めるという姿勢も必要になってきます。言うべきことはしっかりと言い、聞くべきところは素直に聞くという態度で真摯に話し合えば、粗略な対応はせず、相談に乗ってもらえるでしょう。

◉ 相談に行けばすぐに決まるわけではない

福祉事務所に相談に行けばすぐに便宜を図ってくれるような印象を受けますが、実際にはそうではありません。日本では近年、生活保護受給者が増加する一方です。これに対して、日本政府は社会保障費を減らしていく傾向にあるため、生活保護受給者をこれ以上増やしたくないと考えているのが現状です。ですから、軽い気持ちで福祉事務所に相談に行っても冷たくあしらわれたり、厳しい質問攻めにあうなど、結局は撤退しなければならなくなる可能性もあります。

■ 福祉事務所への申立て

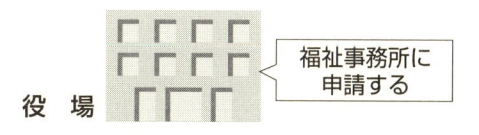

役　場　　　福祉事務所に申請する

住民票の居住地と実際に住んでいるところが違う場合、どこで生活保護を申請するのか
⬇
実際の居住実態を優先する
⬇
実際に住んでいるところの福祉事務所で申請する

第3章　生活保護のしくみと手続き

福祉事務所の相談員（ケースワーカーなど）はどうして生活保護を受けたいのか、本当に生活に困っているのか、援助してくれる人が誰もいないのは本当なのか、など詳しく尋ねてきます。真に生活に困窮しており、生活保護を受けなければ飢え死にしてしまうといった状況にあれば相談員の詰問にも耐えられるでしょうが、「助けてもらえるかも」といった生半可な気持ちであれば途中で断念してしまう可能性もあります。役所は本当に困っている人を保護するだけで、慈善事業を行っているわけではないのです。

● 仕事がないことをわかってもらう

　仕事探しをしたにもかかわらず、仕事を見つけることができなかった状況を福祉事務所にわかってもらわなければなりません。現時点では本当に困っているから生活保護を申請したいが、将来的には仕事を探して自立してやっていくつもりであることを示せれば、なおよいでしょう。福祉事務所の人にも、「この人は本当に困ったときにだけ生活保護を必要とするのだな」と理解してもらえます。

　一般的に、65歳以上の高齢者や、介護が必要なほど大きな障害を抱えているような人の場合は、働くことができないのも納得してもらいやすいといえます。一方、15歳から64歳まで（稼働年齢）に該当する人は生活保護を受けることが難しいといえます。ただ、やむを得ない状況であれば、稼働年齢であっても生活保護が適用されることもあります。

　また、朝から晩まで働いても生活をしていくための十分な収入を稼ぐことができない場合には生活保護を受けることができます。日本の正社員の比率は契約社員や派遣社員、アルバイトなどと比べるとかなり下がってきています。このような状況ではアパート代も満足に払えない仕事で我慢するしかない人も多いため、仕事に就いていても生活保護を受けることができるような配慮がなされています。

10 障害のある人が生活保護を受けるにはどうする

支援制度で足りなければ生活保護の申請をする

● 身体障害、知的障害、精神障害で認定方法が違う

　何らかの障害がある場合、生活保護を受ける前に、障害者の認定を受け、障害年金を利用することを考えます。

　障害者認定を受けるときには、身体障害、知的障害、精神障害で方法がそれぞれ異なります。身体障害の場合は、福祉事務所の担当窓口を通して、身体障害者手帳の交付を申請します。

● 障害者加算とは

　生活保護の基準額を計算するにあたり、出費の増加が見込まれる特別な状況にある場合には、基準額を加算する制度があります。

　加算制度には障害者加算、介護施設入所者加算、在宅患者加算などがあります。このうちの障害者加算は、障害の程度別に加算額が定められており、在宅か入院・入所をしているかによっても加算額が異なります。日常生活のすべてに介護が必要な場合、特別介護料も加算されます。また、世帯の構成員が介護しているか、介護人を依頼しているか、といった事情によっても加算額は異なります。

■ 加算制度

加算
生活保護費

出費の増加が見込まれる特別な状況にある場合、加算が行われる

※障害者加算の場合、障害の程度・在宅、入院、入所のいずれであるかにより加算額が異なる

第３章　生活保護のしくみと手続き

◉ 収入のある場合はどうなる

　実際に支給される生活保護費の額は、世帯の状況に応じて算出した基準生活費から、収入分を差し引いた金額になります。ただ、就労によって得た賃金のうち、一部は控除されて手元に残ります。慶弔金などの臨時収入は、収入認定されず全額手元に残ります。年金や障害者手当、親族などからの仕送りは通常全額収入とされますが、一部収入とされない手当もあります。

◉ 医療費制度・介護保険と生活保護の関係

　生活保護を受けている場合、医療費の自己負担分は医療扶助で原則として全額まかなわれます（収入がある場合、一部自己負担となることもあります）。生活保護の他に利用できる他の医療費助成制度があれば、まずはそちらを利用することとされていますが、各種の医療費助成制度では、生活保護の受給者を助成の対象外としていることもあります。そのため、その他の医療費の助成を受けている人が生活保護を受給することになった場合、市区町村役場の医療・保健福祉担当課に届け出ることが必要です。

　また、生活保護の受給者が介護保険の被保険者であった場合、介護保険の給付対象となるサービスについては、介護保険を生活保護の介護扶助よりも優先して適用することになっています。

◉ 相談や申請手続きではどんなことを知っておくべきか

　福祉事務所の相談窓口へ相談に行く際には、自分が困っている状況を示すためのメモや書類をできる限り用意して行きましょう。具体的には障害認定の書類や、年金・手当に関する書類、医療費の受給者証などです。

11 病気やケガをした場合の生活保護について知っておこう

医療相談員やMSWを通すと申請しやすい

● 病気をきっかけに生活保護の申請をすることもある

　生活保護の開始理由は、病気やケガが最も多くなっています。もともと働いていた人が病気やケガをすると、医療費がかかるだけでなく、最悪の場合、仕事を辞めることになり、収入がゼロになってしまいますから、生活に困窮することが容易に想像できます。

　生活保護は、生活に困窮する国民であれば誰でも申請ができるはずなのですが、実際に福祉事務所で相談すると、病気などをした場合でも「ハローワークに行ってください」などと言われ、申請させてもらえないことが多いようです。生活保護を申請することは、決してハードルの高くないはずなのですが、福祉事務所は不当に高いハードルを設けているのが現実です。まずは何とかしてこのハードルを乗り越え、申請を受理してもらわなければなりません。そのためには、現在の状況を説明するための資料を持参することが有効です。病気や検査結果に関する資料やメモ、医療費のわかる領収書や請求書、給与明細3か月分、家賃がわかる書類、預貯金通帳、公共料金の領収書などを持参して、それを見せながら生活に困っている状態を説明するようにしましょう。福祉事務所の担当者が、申請用紙をすんなり渡さない場合、便せんなどに申請の意思を書き、申請することも可能です。

● 入院費が支払えない場合には

　健康保険に加入していなかった人が、突然の病気やケガで入院が必要になった場合、入院費の支払いに困ることが想像されます。そのような場合、医療相談員やMSW（メディカル・ソーシャル・ワー

カー）に相談します。医療相談室は、医療費などの対応をするためのものですから、遠慮なく相談をしましょう。

　また、医療相談員やMSWを通すと意外にあっさりと福祉事務所の関門を通り抜けることができるようです。入院していなくて通院で治療を受けているような場合には事情が少し変わってきます。「仕事もなく、治療費を払うお金がないから生活保護を受けたい」と福祉事務所に相談すると、医師の診断書をもらってくるように指示されます。

● 退院後も保護が必要かどうかは医師の診断で決まる

　福祉事務所はその人に生活保護を受ける資格があるかどうかを判断するのに、医師の診断を重視します。できればあらかじめ医師に相談し、どうしても働けない理由と、働けるという診断をされると生活保護を受けられないことを説明しておく方がよいでしょう。

　退院の見通しが立ってきたら、福祉事務所の担当者に訪問してもらうとよいでしょう。退院後も保護が必要な場合には、主治医も交えた三者で、病状や退院後の通院期間や頻度の見通しをふまえ、望ましい療養環境（住居のこと、仕事の可否やペースなど）について確認しておくと安心です。

　退院後、療養のためにアパートを借りるか、その他の施設で生活するのかは、本人の希望や状況、主治医の意見などもふまえて決定されるべきです。しかし、福祉事務所によっては、本人と十分な相談をせずに担当者が退院先を宿泊所などに決めてしまうこともあるようです。アパートを借りたいのであれば、退院後どうするかについて担当者に聞かれるのを待っているのではなく、自ら担当者を呼び、主治医も交えてアパート入居の必要性を積極的に訴える必要があります。

● 医療費の自己負担をしなくてもよくなる

　生活保護を受けるようになると国民健康保険に加入できなくなり

ますが、生活保護法による医療扶助を受けられるようになります。この場合、国民健康保険証の代わりに福祉事務所に医療券を発行してもらうことで病院にかかることができるようになり、医療費の自己負担がなくなります。自己負担がなくなると聞くと得をしているように聞こえますが、実際には非常に不便な側面があります。

まず、医療券は1つの医療機関につき1枚が発行され、月が変わるごとに新たな医療券を病院に持参する必要があります。継続して同じ病院に通院が必要な場合、医療券は福祉事務所から直接病院に送られますが、通院する病院が変われば、その病院に通うために新たに医療券を発行してもらう必要があります。

また、医療券が使用できるのは生活保護の指定医に限られていますので、すべての医療機関で利用できるわけではありません。生活保護非指定が多い歯科などに通院したい場合は、多少の不便を感じるかもしれません。さらに家族がそれぞれ別の病院に通院する必要があれば、そのつど福祉事務所で医療券を発行してもらわなければなりません。そのことが心理的、物理的に負担になる場合がありますし、保険証の提出を求められた場合などはどうしても、周囲の視線が気になってしまうこともあるでしょう。このように医療扶助を受けられるようになっても、苦労することは多いのです。

■ MSWを通した申請

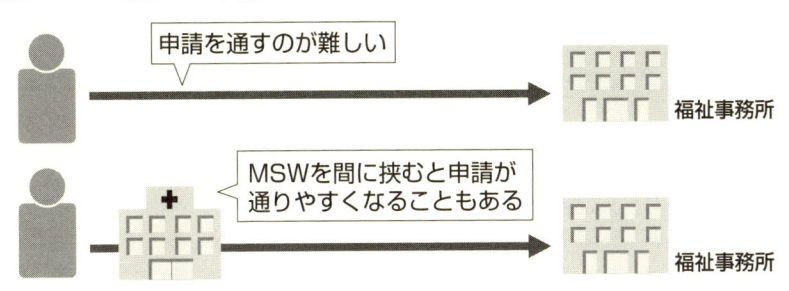

申請を通すのが難しい → 福祉事務所

MSWを間に挟むと申請が通りやすくなることもある → 福祉事務所

第3章 生活保護のしくみと手続き　121

12 申請についてこんな場合はどう対処すべきか

申請を受理しないのは違法、自分で申請書を書いて送ることも可能

● どんな対策があるのか

　生活保護ではしばしば、福祉事務所が申請を不受理にする問題が取り上げられています。自治体財政のひっ迫などがその原因とも言われていますが、申請をギリギリの段階で阻止することから「水際作戦」と呼ばれることもあります。申請を受け付けてもらえない原因が申請者側にあることもありますが、受給資格を満たしているにもかかわらず福祉事務所側に不受理扱いされた場合には、泣き寝入りせずに専門家（都道府県の知事や、弁護士、NPOなど）へ相談したり、第三者（弁護士や地元の議員、民生委員など）とともに再申請を行うといった対策を打つとよいでしょう。

● みなし却下と不服申立て

　生活保護の要否の結果は、申請日を起算日として、申請後14日以内に通知されます。もし、生活保護の申請後30日以内に申請の結果の通知が来ない場合には、みなし却下と判断されるため、不服申立てをすることができます。

　不服申立ての請求書を書くには、生活保護法の知識が必要になるため、生活保護に詳しい者の協力が不可欠です。また、不服申立てがあった場合、知事は50日以内に決裁をすることになっていますので、すぐに生活保護を望む場合でも時間がかかるものと覚悟しましょう。

● 申請後に調査が行われる

　受理された申請書に基づいて、ケースワーカー（担当地区員とも

呼ばれる）が、申請書の内容を調査し、情報を収集します。ここで集められた情報などを基礎に、福祉事務所長の決裁を得て、生活保護を開始するかどうかが決まります。地区担当員は地区ごとに担当が決まっているので、住んでいる地区の地区担当員が必要に応じて、アドバイスや助言を与えてくれるようになります。

提出された申請書類に基づいて、生活保護を適用するのが妥当かどうかを調査するのが資力調査（ミーンズテスト）です。地区担当員は、金融機関などへの資産調査、扶養義務者への調査、健康状態調査などを行います。また、申請者の訪問調査も地区担当員が行います。記入した場所に住んでいるか、申請してきた人物がどんな人であるかを確認する作業です。他に病気を理由に生活保護を申請した場合には、健康検診を受けるように言われることもあります。

● 緊急払いや社会福祉協議会の生活福祉資金

生活が差し迫っているから生活保護の申請をするわけですので、当然、決定が出るまで14日も悠長に待っていられないというケースも発生します。そのために、「緊急払い」という制度を置いている福祉事務所があります。生活が逼迫して、どうしようもない状態のときには緊急払いを求めるのがよいでしょう。なお、緊急払いで支払われたお金は、あくまで緊急のものなので、生活保護を受けた場合には、生活費から引かれることになります。

また、社会福祉協議会が提供しているサービスの中で、生活保護を申請しようと考えている人の役に立ちそうなものに、緊急小口資金の貸付があります。緊急小口資金の貸付は、10万円以内の借入金を8月以内で返済するというものです。2か月間は利息が据え置かれるものの、返済できるあてがなければなりません。

社会福祉協議会には、他にも「総合支援資金」というサービスがありますが、これを申請するには連帯保証人と住民票が必要になります。

第3章 生活保護のしくみと手続き

13 生活保護にはどんな種類があるのか

文化的な生活を営むことが保障されている

● 生活保護のイメージを変えよう

　生活保護世帯というとどうしてもマイナスのイメージが強くなりますが、明らかに誤解です。

　しかし、生活保護世帯は極貧で、特殊な人しか生活保護の対象にならないと思っている人もいます。たとえば、「母子家庭でないと保護を受けられない」「年金をもらっているから保護の対象とならない」とか、「65歳以上でないと保護を受けられない」といったような思い込みです。

　実際には保護を必要としているにもかかわらず、生活保護を受けていない世帯や、生活保護の制度の存在自体を知らない人が多いのも現実です。そのような世帯は、本来生活保護費を受給できるにもかかわらず、生活保護の対象となる最低生活費を下回る収入での生活を迫られていることになります。

　すべての国民は「健康で文化的な最低限度の生活を営む権利」をもっています。生活保護の制度はこの権利の保障を具体的に制度化したものです。そのため、ただ、命が保障されている程度の生活保障にとどまらず、あくまでも「文化的な」生活を送ることが保障されているのです。

● 生活保護の種類

　生活保護には8つの扶助があります。扶助の種類は、生活扶助、住宅扶助、教育扶助、介護扶助、医療扶助、出産扶助、生業扶助、葬祭扶助となっています。それぞれの世帯の生活実態に応じて、国が定

めた基準があり、その基準額の範囲内で扶助費(保護費)が支給されます。これらは居宅で、金銭給付で行うのが基本ですが、介護扶助および医療扶助は、指定医療機関、指定介護施設などに委託して行う現物給付を原則としています。また、居宅での金銭給付によってでは保護することが難しい場合には、保護施設への入所という方法がとられることもあります。

　この8つの扶助の中でも重要なのは、食べるもの・着るもの、電気・ガス・水道などの日常の暮らしを支えるための生活扶助です。詳しくは128ページで見ていきますが、この、生活扶助が生活保護費の基本となります。

◉ 地域によって最低生活費が異なる

　最低生活費は地域によって異なります。たとえば、東京都内では、物価も高く、その分生活費もかかりますが、地方では、家賃が安かったりと、都内ほど生活費がかからないものです。

　このような地域の違いを考慮しないで最低生活費を定めると実態にそぐわないものになりかねません。

■ 生活保護の種類

生活扶助	食べ物、衣類、光熱費など日常の暮らしの費用
住宅扶助	家賃、地代などにかかる費用
教育扶助	義務教育(給食費、学級費、教材費などを含む)に必要な費用
介護扶助	介護に必要な費用
医療扶助	医療にかかる費用(メガネ、コルセットなどを含む)
出産扶助	出産に必要な費用
生業扶助	自立に必要な技能を習得するための費用
葬祭扶助	葬祭にかかる費用

第3章　生活保護のしくみと手続き

そこで、最低生活費の基準は物価や消費水準の違いによって、いくつかの段階に分けられており、その段階ごとに最低生活費が定められています。
　この段階のことを級地といいます。級地は所在地により1級地－1、1級地－2、2級地－1、2級地－2、3級地－1、3級地－2の6区分に分けられています。級地により生活扶助基準額が異なります。
　級地の目安として、1級地－1は、東京23区、大阪市、名古屋市などの大都市になります。
　下図に地域の級地区分の代表例を挙げましたが、詳しく知りたい場合は、各都道府県または各市区町村の生活保護担当課に確認してみてください。
　なお、128ページ以降に各扶助の基準額などを掲載していますが、掲載している基準額は1級地－1の級地区分における平成27年度（第71次改定生活保護基準額表、暫定版）の基準額です。ただし同じ1級地－1に分類されていても、たとえば住宅扶助の金額など、地域によって金額が異なることはあるようです。

■ おもな地域の級地区分

1級地－1	東京都……区の存する地域、八王子市、立川市他 神奈川県…横浜市、川崎市、鎌倉市他 愛知県……名古屋市　　　京都府……京都市 大阪府……大阪市、堺市他　兵庫県……神戸市、尼崎市他 埼玉県……川口市、さいたま市
1級地－2	宮城県……仙台市　　北海道……札幌市、江別市 福岡県……北九州市、福岡市
2級地－1	青森県……青森市　　新潟県……新潟市　　熊本県……熊本市
2級地－2	茨城県……日立市、土浦市他　　愛知県……東海市、豊川市他 福岡県……大牟田市他
3級地－1	岩手県……宮古市、花巻市他　　山口県……萩市、光市他
3級地－2	それ以外の市町村

※級地区分については、平成27年4月1日現在のものを掲載

● 扶助の全体像

　124ページで生活保護の8つの種類について確認しましたが、ここでは、8つの扶助について、全体像を見ていくことにしましょう。

　なお、8つの扶助のうち、出産扶助、生業扶助、葬祭扶助の3つの扶助項目については、該当する事由が発生したときに限り、臨時的に適用されるものです。このため、通常の最低生活費は、生活扶助、住宅扶助、教育扶助、介護扶助、医療扶助の合計によって構成されることになります。

■ 扶助の全体像

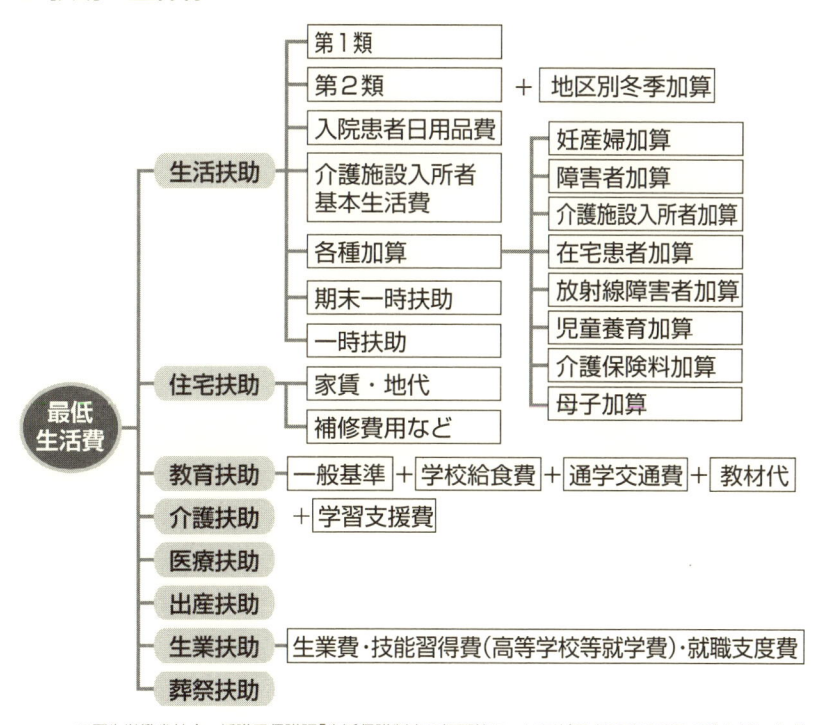

```
最低生活費
├─ 生活扶助
│   ├─ 第1類
│   ├─ 第2類 ＋ 地区別冬季加算
│   ├─ 入院患者日用品費
│   ├─ 介護施設入所者基本生活費
│   ├─ 各種加算
│   │   ├─ 妊産婦加算
│   │   ├─ 障害者加算
│   │   ├─ 介護施設入所者加算
│   │   ├─ 在宅患者加算
│   │   ├─ 放射線障害者加算
│   │   ├─ 児童養育加算
│   │   ├─ 介護保険料加算
│   │   └─ 母子加算
│   ├─ 期末一時扶助
│   └─ 一時扶助
├─ 住宅扶助
│   ├─ 家賃・地代
│   └─ 補修費用など
├─ 教育扶助 ─ 一般基準 ＋ 学校給食費 ＋ 通学交通費 ＋ 教材代 ＋ 学習支援費
├─ 介護扶助
├─ 医療扶助
├─ 出産扶助
├─ 生業扶助 ─ 生業費・技能習得費（高等学校等就学費）・就職支度費
└─ 葬祭扶助
```

※厚生労働省社会・援護局保護課「生活保護制度の概要等について」（平成25年10月4日）を基に作成

14 生活扶助について知っておこう

基準額を算出して加算額などを加える

● 生活扶助の額はどのように決まるのか

　生活扶助は一般的な生活費として認められるものです。生活扶助は第1類と第2類の2つからなります。第1類は世帯員全員について年齢に該当する基準額を合算し、扶助費として認定します。これに対して、第2類は該当する世帯人員の金額が扶助費として認定されます。

　生活扶助基準については、政府において見直しがなされ、平成24年度の基準額から10%を限度に、平成25年8月から3年をかけて段階的に減額することになりました。この見直しにより支給額の急激な減少を緩和するために、これまでの基準を「基準額①」とし、「見直し後の基準」を「基準額②」として、両方の計算式を用いて算定します。具体的な計算は下記のとおりです。

　1級地－1の地域で、自宅（居宅）で生活する場合の基準額①・基準額②の金額は、図（次ページ）のとおりです。図中の「逓減率」は世帯人数によって異なるのですが、1人であれば1.0です。

　たとえば、70歳以上で1人暮らしであれば、以下のように7万4630円が原則の生活扶助費となります。なお、原則の式で算出した金額が、例外の式で算出した金額を下回る場合は、例外の式で算出した金額になります。

・3万3830円×1.0＋4万800円＝7万4630円・・・（原則）
・（3万3280円×1.0＋4万4690円）×0.9＝7万173円・・・（例外）

　なお、第2類には冬季加算（冬季の間の燃料費代などを支給するもの）があるため、もし、支給時期が冬季（11月～3月）であれば、地区ごとに定められている冬季加算額を考慮して計算することになり

ます。

● 入院患者や施設入所者の場合

　救護施設や更生施設で生活する者の場合、前述した居宅の場合とは異なる基準が設定されています（1級地の場合、救護施設：月額6万2940円、更生施設：月額6万6680円）。また、入院患者や介護施設入所者に対しては、別途支給される費用があります。入院患者日用品費とは、病院などに入院している受給者に支給される、身の回り品などの日常生活費についての費用です（月額2万2680円、冬季加算980円）。介護施設入所者基本生活費とは、介護施設に入所している者に対し、利用者が施設に支払う身の回り品等の代金について支給される費用です（月額9,690円以内、冬季加算980円とされています）。

■ 生活扶助の居宅基準額（1級地－1の場合）

第1類		
年齢別	基準額①	基準額②
0～2歳	21,510円	26,660円
3～5歳	27,110円	29,970円
6～11歳	35,060円	34,390円
12～19歳	43,300円	39,170円
20～40歳	41,440円	38,430円
41～59歳	39,290円	39,360円
60～69歳	37,150円	38,990円
70歳～	33,280円	33,830円

※生活扶助費＝第1類②の合計額×世帯人数による逓減率②＋第2類②
ただし、上記の額が下記の額を下回る場合は、下記の額が生活扶助費となります。
（第1類①の合計額×世帯人数による逓減率①＋第2類①）×0.9

第2類			
人員	基準額①	基準額②	冬季加算(Ⅵ区)
1人	44,690円	40,800円	2,580円
2人	49,460円	50,180円	3,660円
3人	54,840円	59,170円	4,160円
4人	56,760円	61,620円	4,490円
5人	57,210円	65,690円	4,620円
6人	57,670円	69,360円	4,910円
7人	58,120円	72,220円	5,120円
8人	58,570円	75,080円	5,280円
9人	59,020円	77,940円	5,450円
10人以上	1人を増すごとに加算される額		
	450円	2,860円	170円

● その他の加算

　生活保護基準額表の第1類・第2類表から算出した額に、妊婦、産婦、母子、障害、児童養育といった加算が加えられます（下図参照）。

● 一時扶助と期末一時扶助

　生活扶助には一時扶助と期末一時扶助という制度があります。入学や入院など一時的にまとまった出費が必要になるときに支給されるのが一時扶助です。一時扶助には、現物給付のものもあります。

■ その他の加算

各種加算				
妊　婦	妊娠6か月未満 8,960円		妊娠6か月以上 13,530円	
産　婦	母乳のみの場合　産後6か月間		8,320円	
	その他の場合　産後3か月間			
障　害	障1・2級 国1級　※	障3級 国2級　※	重度障害者	特別介護料
	居宅 26,310円	居宅 17,530円	14,140円 (平成27年 7月1日から 14,480円)	世帯員 11,860円 (平成27年7月1日から12,140円)
	入院入所 21,890円	入院入所 14,590円		介護人 69,710円以内 特別基準 104,570円以内
在宅患者	13,020円			
放射線	治療中　　42,720円		治ゆ　　21,360円	
児童養育	3歳未満、3〜12歳年度末までの 第3子以降の子		15,000円	
	3〜12歳年度末までの 第1・第2子、中学生		10,000円	
母　子	児童1人	児童が2人の場合に加える額	児童が3人以上1人を増すごとに加える額	
	居宅　　22,790円 入院・入所　18,990円	居宅　　1,800円 入院・入所　1,530円	居宅　　　920円 入院・入所　750円	
介護施設	9,690円以内			

※表中「障」とは身体障害者障害程度等級表のこと。「国」とは国民年金法施行令（昭和34年政令第184号）別表のこと

また、期末一時扶助とは、年末年始にかけて保護を受ける者について、居宅保護・入所保護のため12月に支給される一時金扶助です。期末一時扶助は、世帯人員数別に基準を設定して支給されます。具体的には、平成27年12月の期末一時扶助支給額は、1級地－1で単身世帯の場合1万3890円、2人世帯の支給額は2万2650円などと定められています。

● 就労活動促進費の支給

　自立のために積極的に就職活動を行っている受給者に対して就労活動促進費（月額5,000円）が支給されています。受給するためには自立活動確認書の作成と福祉事務所への提出が必要です。就労活動促進費の支給期間は、原則として6か月以内です。

■ 支給額（一時扶助）

一時扶助	配電・水道・井戸・下水道設備費		（基準額）　119,000円以内　　（1.5倍額）178,500円以内
	住宅維持費（年額）		（一般基準）119,000円以内　　（特別基準）178,500円以内
	家具什器費		27,000円以内 （特別基準）　43,200円以内
	被服費	布団類	再生一組につき 12,500円以内
			新規一組につき 18,220円以内
		平常着	13,400円以内
		新生児衣料	49,100円以内
		入院時寝巻	4,100円以内
		紙おむつ等	月額 20,100円以内
		災害時被服費	2人まで　18,800円以内（夏季）　33,700円以内（冬季） 4人まで　35,600円以内（夏季）　57,000円以内（冬季） 5人まで　45,900円以内（夏季）　72,400円以内（冬季） 6人以上　1人の増加ごとに夏季6,800円以内、冬季10,000円以内で加算
	入学準備金	小学校	40,600円以内
		中学校	47,400円以内
	就労活動促進費		月額 5,000円

※家具什器費とは、炊事用具・食器など（新たに自活する場合などで持ちあわせがないとき）
※一時扶助の項目は、本来保護費の中でまかなうべきものとされている
※「災害時被服費」中、夏季とは4月〜9月、冬季とは10月〜3月のこと

15 その他の扶助と勤労控除について知っておこう

医療費は全額公費負担となる

● 住宅扶助の額

　住宅扶助は家賃、地代などに必要な費用の扶助です。原則として金銭による給付ですが、必要がある場合には、現物給付によることもあります。生活保護では、日々の生活費の他、家賃も扶助してもらえます。扶助してもらえる金額は、地域別に上限が決められています。

　また、都道府県単位で補助金額を一定額上乗せする「特別基準額」というものもあります。家賃が特別基準額を大きく超えてしまう場合、転居の指導が行われることになります。

● 医療費はかからない

　生活保護世帯に該当することになった場合、それ以後、医療機関の窓口で支払う医療費はすべて医療扶助から支払われることになります。

　このため、自己負担なしで必要な治療を受けることができます。

　国民健康保険に加入している者については、保険制度から脱退し、

■ 住宅扶助の支給額

	住宅扶助（1級地−1）	
一般基準		13,000円以内
特別基準（単身世帯）※1		53,700円以内
特別基準（複数世帯）	2人	64,000円以内
	3〜5人	69,800円以内
	6人	75,000円以内
	7人以上	83,800円以内

※1　床面積が15㎡を超える場合（床面積が15㎡以下の場合に減額される）

保険証を返還することになります。その代わりに「医療券」を交付してもらい、それを使って治療などを受けることになります。

かなり面倒なことですが、医療券は、原則として医療機関にかかるたびにあらかじめ役所に行って交付を受ける必要があります。医療券は指定を受けた医療機関でしか使用できません。ただ、緊急の場合に限っては、医療券なしで医療機関に行くことができることもあります。

なお、医療扶助には、一般的な診療扶助の他にも、薬、治療のために必要な材料（眼鏡や杖、コルセットなどの機具）、その他、鍼や灸、マッサージなどの施術も扶助が認められる場合があります。

また、1か月以上の長期にわたって病院などに入院する場合、入院患者日用品費が支給されます。

ただし、生活保護法では、生活保護の医療扶助ではなく他の法律や制度によって医療費が給付されるものがあれば、まずはそちらを優先させます。たとえば、健康保険法、老人保健法、精神保健福祉法などによって医療費の支給を受けることもできます。これらの法律や制度によって医療費がまかなえる範囲に対しては、生活保護の医療扶助は

■ 医療扶助のしくみ

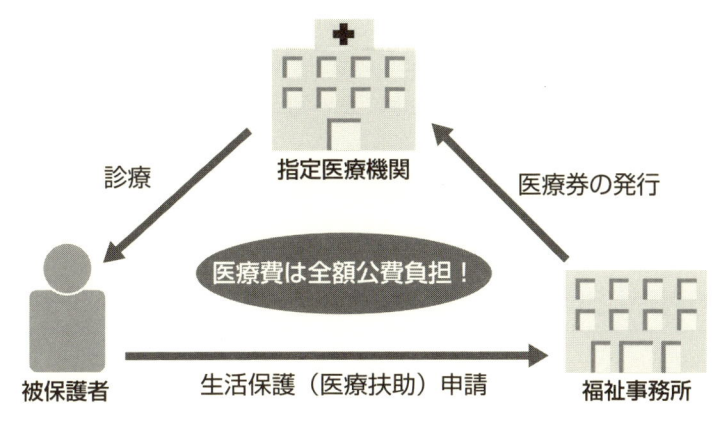

第3章　生活保護のしくみと手続き

行われません。

● 医療扶助の適正化のための法改正

　生活保護費において、大きな割合を占めているのが医療扶助です。生活保護を受ける人の多くが高齢者や、病気が原因で就労できなくなっている人であることなどがその要因となっています。

　また、一部の医療機関において不正請求などの問題が生じていることから、医療扶助の適正化が法改正の内容に盛り込まれました。

　具体的には、①指定医療機関の指定要件および指定取消要件の明確化、②指定医療機関の指定有効期間（6年間、更新制）の設定など指定医療機関制度の見直しが行われると同時に、指定医療機関への指導体制も強化されています。

● 後発医薬品の使用の促進

　最近、医療機関を受診して薬局に処方箋を持って行くと、「後発医薬品（ジェネリック医薬品）の使用が可能です」といった案内を受けることがあります。後発医薬品とは特許期間が終了した有効成分や製法を使って製造・販売される医薬品です。新薬と効果は同等でも価格が安く設定されるため、医療費の軽減に効果があるということで、国でも積極的に広報活動を行うなど、使用促進を図っています。

　しかし、生活保護の医療扶助においては、使用割合が低いという状況があったため、生活保護法を改正し、「可能な限り後発医薬品の使用を促すことにより医療の給付を行うよう努めるものとする」（34条3項）という規定を設け、後発医薬品の使用促進を図っています。

● 介護扶助とはどんな扶助なのか

　生活保護の受給者であり、介護保険による市区町村の認定を受けて、一定の介護サービスを利用している場合は、介護扶助が認定され

ることになります。
　つまり、自己負担の１割が介護扶助として生活保護から負担されます。介護扶助の対象者は、以下の者です。
① 65歳以上の生活保護受給者（第１号被保険者）
② 40歳以上65歳未満の医療保険に加入している生活保護受給者（第２号被保険者）
③ 40歳以上65歳未満の医療保険に未加入の生活保護受給者
　介護扶助の範囲は、介護保険とほぼ同じで、居宅介護、福祉用具、住宅改修、施設介護などがあります。生活保護からの給付負担は、①、②が１割、③が10割となっています。介護扶助は介護サービスなどの現物給付が原則となっていますが、必要な場合には、金銭による給付がなされることもあります。

◉ 臨時的な扶助の支給

　生活扶助、住宅扶助、医療扶助、介護扶助の他に、生活保護の内容として生業扶助、葬祭扶助という臨時的扶助が行われることがあります。これらの扶助については、支給事由が発生したときに限って支給されることになります。

◉ 生業扶助

　生業扶助は、困窮のため最低限度の生活を維持することのできない者やそのおそれのある者に対して、生業に必要な資金、生業に必要な技能の修得、就労のために必要なものについて行われる援助です。
　生業扶助は大きく分けると生業費、技能修得費、就職支度費に分けることができます。

・生業費
　生計の維持を目的とする小規模の事業を営むための資金や生業を行うための器具、資料代の経費の補てんとして支給されるのが生業費

です。
・**技能習得費**
　技能習得費は、生業につくために必要な技能を修得するための授業料・教材費などの費用を補てんします。
・**就職支度費**
　就職支度費とは、就職する者に対して支給される就職のために直接必要となる洋服代や履物などの購入経費のことです。

● 葬祭扶助

　葬祭扶助は、葬祭に伴い必要となる検案、死体の運搬、火葬・埋葬、納骨などの経費を補てんするものとして支給されます。
　葬祭扶助は葬儀を行う遺族などに支給されるため、その葬儀を行う遺族が生活保護を受けられるかどうかが判断されることになります。

● 勤労控除とは

　生活保護を受給している人が就労によって収入を得ると、保護費が減額されます。ただ、就労によって得た収入の額が全額減額されるかというと、そうではありません。「勤労控除」という制度があり、その分は収入額から控除されることになっています。勤労控除の目的は、就労によって得られた収入の一部を手元に残すことで保護受給者が「働き損」と感じることなく、早期に就労し、自立して保護を脱却できるように支援することです。

● 勤労控除の見直しが行われた

　就労収入についての収入認定は以下のように行われます。

> 収入認定額＝就労収入－（基礎控除＋各種控除＋必要経費等）

■ 出産扶助・生業扶助・葬祭扶助のしくみ

	一般基準		施設分べん （加算額）	衛生材料費 （加算額）
	施設分べん	居宅分べん		
出産扶助	247,000円以内	249,000円以内	8日以内の入院料 （医療扶助）の実費	5,600円以内
	特別 基準	出産予定日の急変等		293,000円以内
		産科医療補償制度による保険料（掛金）		30,000円以内

	生業費	技能修得費	就職支度費
生業扶助	46,000円以内 （特別基準） 77,000円以内	77,000円以内 （特別基準） 127,000円以内 （自立支援プログラム） 年額204,000円以内	29,000円以内

（高等学校等就学費）

費目	給付対象	基準額
基本額	学用品費、通学用品等	5,450円
学級費等	学級費、生徒会費	1,960円以内
通学費	通学のための交通費	必要最小限度の額
授業料	授業料	都立高校の 授業料、入学料、 受験料の額以内
入学料	入学金	
受験料	入学考査料	
入学準備金	学生服、カバン、靴等	63,200円以内
教材費	教科書、ワークブック、 和洋辞典、副読本的図書	実費支給
学習支援費		5,150円
災害等の学用品費の再支給		27,250円以内
災害等の教科書等の再支給		27,250円に加えて、教材費として支給対象 となる範囲内で必要な実費

区分	大人	小人
一般基準	206,000円以内	164,800円以内

葬祭扶助
- 法第18条第2項第1号に該当する死者に対し葬祭を行う場合、1,000円を加算する
- 火葬料が大人600円、小人500円を超える場合は当該超える額を基準額に加算する
- 自動車料金その他死体の運搬料が13,710円を超える場合は、6,590円を限度として、当該超える額を基準額に加算する
- 死亡診断書または死体検案に要する費用が5,250円を超える場合は、当該超える実費を基準額に加算する
- 火葬または埋葬を行うまでの間、死体保存のため特別な費用を必要とする場合は、実費を基準額に加算する

勤労控除には「基礎控除」や「新規就労控除」があります。「基礎控除」は、保護の要否と程度の決定の際、勤労に伴って必要となる経費（被服、身の回り品、教養の向上等にかかる費用、職場交際費など）を控除するものです。

　生活保護の程度を決定する際に用いる基礎控除については、全額控除の金額は1万5000円です。したがって、就労収入が1万5000円以下の場合は、保護費が減額されることはありません。全額控除分を超える収入については、収入の額に比例して控除額が増加します。なお、収入金額が23万1000円以上の場合は、収入金額が4000円増加するごとに定額を加算した額を控除することになります。

　「新規就労控除」は新たに継続性のある職業に従事した者に対し、6か月間の控除を行うものです。平成27年度の基準では新規就労控除の金額は1万700円です。

● 要否の判定と程度の決定

　生活保護の判定は、①そもそも保護を必要とするかという点についての要否の判定（要否判定）と、②保護を必要とした上でどの程度の保護をするのかという程度の決定（程度決定）の2段階で行われます。どちらの判断も最低生活費と収入などの判断を行う点では共通しているのですが、収入の算定方法や基礎控除の判定方法に違いがあります。次ページに掲載する基礎控除額表は、②の程度決定に用いる基礎控除額表です。

● その他の必要経費

　出かせぎ・寄宿などに必要となる生活費や住宅費の実費、被保護世帯の自立更生のためにあてられる額の償還金、地方税等、健康保険の任意継続保険料、国民年金の受給権を得るために必要な任意加入保険料については、必要最小限度の範囲で必要経費として認められます。

■ 勤労収入からの控除（程度決定に用いる基礎控除額）

収入金額 円	1〜3級他 1人目 円	2人目 円	収入金額 円	1〜3級他 1人目 円	2人目 円
〜15,000	収入額と同額	収入額と同額	〜126,999	26,000	22,100
〜15,199	収入額と同額	15,000	〜130,999	26,400	22,440
〜18,999	15,200	15,000	〜134,999	26,800	22,780
〜22,999	15,600	15,000	〜138,999	27,200	23,120
〜26,999	16,000	15,000	〜142,999	27,600	23,460
〜30,999	16,400	15,000	〜146,999	28,000	23,800
〜34,999	16,800	15,000	〜150,999	28,400	24,140
〜38,999	17,200	15,000	〜154,999	28,800	24,480
〜42,999	17,600	15,000	〜158,999	29,200	24,820
〜46,999	18,000	15,300	〜162,999	29,600	25,160
〜50,999	18,400	15,640	〜166,999	30,000	25,500
〜54,999	18,800	15,980	〜170,999	30,400	25,840
〜58,999	19,200	16,320	〜174,999	30,800	26,180
〜62,999	19,600	16,660	〜178,999	31,200	26,520
〜66,999	20,000	17,000	〜182,999	31,600	26,860
〜70,999	20,400	17,340	〜186,999	32,000	27,200
〜74,999	20,800	17,680	〜190,999	32,400	27,540
〜78,999	21,200	18,020	〜194,999	32,800	27,880
〜82,999	21,600	18,360	〜198,999	33,200	28,220
〜86,999	22,000	18,700	〜202,999	33,600	28,560
〜90,999	22,400	19,040	〜206,999	34,000	28,900
〜94,999	22,800	19,380	〜210,999	34,400	29,240
〜98,999	23,200	19,720	〜214,999	34,800	29,580
〜102,999	23,600	20,060	〜218,999	35,200	29,920
〜106,999	24,000	20,400	〜222,999	35,600	30,260
〜110,999	24,400	20,740	〜226,999	36,000	30,600
〜114,999	24,800	21,080	〜230,999	36,400	30,940
〜118,999	25,200	21,420	231,000〜	（※）	（※）
〜122,999	25,600	21,760			

※収入金額が231,000円以上の場合は、収入金額が4,000円増加するごとに、1人目については400円、2人目以降については340円を控除額に加算する。

16 実際にはどの程度の生活保護費がもらえるのか

家族構成によって変わってくる

● 生活保護受給世帯に対する各種減免措置

　生活保護受給世帯に対しては、税金や年金、水道光熱費といった費用について、軽減や免除、非課税扱いといった措置が図られます。都道府県や自治体によって異なる可能性があるため、生活保護の申請時に確認することが必要です。

● 具体的なケースで見る

　生活保護による実際の保障例を見てみましょう。

　国が定めた最低生活費（保護基準）と世帯の収入を比べて、収入の方が少ない場合に、その不足分が生活保護費として支給されます。

　東京都の1級地-1に分類される地域に居住している2人家族（夫63歳、妻61歳、子どもなし）で、夫が働いて月に10万円の収入を得ているケースについて考えてみましょう。

　生活扶助については、基準額①と基準額②のどちらかを基にした計算式によって、生活扶助の居宅基準額を算定します。

　このケースでは、生活保護基準により算出した居宅基準額（11万9200円）、住宅扶助（6万4000円）を合算した18万3200円が最低生活費となります。

　夫の収入については、前ページの基礎控除額表より、10万円から基礎控除額2万3600円を差し引いた7万6400円が収入充当分と扱われます。

　そのため、18万3200円から7万6400円を差し引いた10万6800円が生活保護費として支給されることになります。

■ 生活保護受給者に対する税金・公共料金などの減免措置（東京都の場合）

項目	内容
税金	個人の都民税、個人事業税、固定資産税・都市計画税の減免、軽自動車税の減免
年金	国民年金の保険料の納付が免除される
水道料金	水道料金・下水道料金の基本料金などが減免される
授業料	私立高等学校等の授業料負担の軽減
医療費	結核の医療費助成など
ごみの収集	指定収集袋の無料交付、ゴミの収集にかかる手数料の減免
鉄道の利用	都営交通の無料乗車券の発行
テレビ	放送受信料の減免

■ 具体的な計算例

居宅基準	原則＝ （38,990＋38,990）× 0.8850＋50,180 ≒119,200円	居宅基準額は 119,200円 （原則の額が例外の額を下回らないため）	最低生活費 183,200円
	例外＝ （(37,150＋37,150)× 1.0＋49,460）×0.9 ≒111,390円		
住宅扶助	家賃64,000円	64,000円	

※居宅基準額に関しては、世帯の第1類及び第2類の合計額について、10円未満の端数を10円に切り上げ。
　平成27年度居宅基準の生活扶助費は、生活扶助基準の基準額②を基に算出するのが原則となる。基準額②を基に算出した額が基準額①を基に算出した額を下回る場合は、例外的に基準額①を基に算出した額となる。生活扶助基準については128～129ページ参照。
　上表中「0.8850」は基準額②を基にした計算式において使用する世帯人数が2人の場合の逓減率。
　「1.0」は基準額①を基にした計算式において使用する世帯人数が2人の場合の逓減率。
　逓減率とは、多人数世帯に支給する第1類額が過大とならないために、各世帯の第1類合計額に対して乗ずる調整率のこと。

17 就労支援や健康・家計管理に対する支援について知っておこう

自立のための就労支援や健康・家計管理に対する支援が行われる

● 自立活動確認書による就労支援

　生活保護を受給している人の中には、働いて自立する能力があるにもかかわらず、就職先が見つからなかったり、就労の意欲を持てない人もいます。生活保護の目的に「自立支援」も含まれていることから、生活保護制度には、就労・自立支援の制度が盛り込まれています。その1つが「自立活動確認書」の作成です。

　自立活動確認書は、稼働能力があると判断した生活保護受給者全員を対象に、受給者本人の同意を得て作成するもので、求職活動の具体的な目標や求職活動の期間、求職活動の内容などを記載して福祉事務所と本人で共有します。本人は確認書の内容に沿って求職活動を行い、福祉事務所は必要に応じて支援を行います。

● 就労支援と健康・生活面での支援

　景気の低迷や高齢化率の上昇などによって、生活保護受給世帯数は1995年以降右肩上がりに増加し続けています。また、一部の生活保護受給者に「昼間からパチンコをしている」「就労しているのに届け出ていない」「扶養できる親族がいるのに隠している」などの、いわゆる不正受給が存在することが、社会問題として注目されています。

　こうした問題に対処するため、①就労による自立の促進、②健康・生活面等に着目した支援、③不正・不適正受給対策の強化（福祉事務所の調査権限の拡大や罰則の引き上げなど）、④医療扶助の適正化（134ページ）が進められています。ここでは、以下、①と②について見ていきましょう。

● 就労自立給付金の支給

就労自立給付金の制度は、保護受給中に就労によって収入を得ると一定額を仮想的に積み立て、安定就労によって保護脱却する際に積み立てた分を一括して支給するというものです（上限額は、単身世帯の場合10万円、多人数世帯の場合15万円）。これにより、保護脱却直後にかかる税や社会保険料の負担が軽減され、再度保護に陥ることを防止できると考えられています。就労自立給付金の支給金額は、保護が廃止される直前の6か月の就労収入認定額に算定率を掛けて算出します。算定率は、保護受給中の就労期間が短いほど高く設定されています。具体的には、就労収入認定開始月から3月目までは30％、4月目から6月目までは27％、7月目から9月目までは18％、10月目以降は12％となっています。つまり、保護受給中の就労期間が短い人の方が、より多くの就労自立給付金の支給を受けることができるしくみになっています。これは、保護受給者が、就労開始後なるべく早期に保護を脱却するように促すためです。

● 健康・家計管理に対しての支援

生活保護の制度は、要保護者に対し必要な保護を行うことで健康で文化的な最低限度の生活を保障するとともに、その自立を助長することを目的としています。そのため、「自立の助長」の制度を強化しています。

① 受給者の健康管理を支援

福祉事務所に専門の職員を配置するなどによって体制を強化し、保健指導や受診の相談などを行っています。また、福祉事務所が健康診査結果等を入手できるよう、権限を強化しています。

② 受給者の家計管理を支援

福祉事務所が必要と判断した受給者に対しては、レシートや領収書の保存、家計簿の作成を求めることができます。

18 受給後の生活が心配になったらどうする

生活保護を受けることは恥ずかしいことではない

● 保護費はいつ、どのように渡されるのか

　生活保護の受給が認められる人には、生活保護受給決定の通知が届きます。申請時以降の**保護費**を受給できます。

　２回目以降は、決められた日に、決められた方法（窓口支給、銀行振込など）によって支給される事になります。本人が福祉事務所の窓口に来ることが困難な場合もあるため、福祉事務所によって、窓口で支給する場合、振込で対応する場合、どちらかを選択できる場合など、対応を決めているようです。最近では、銀行振込に対応している福祉事務所も多いようですが、銀行口座が持てない場合は、窓口で受け取ることになります。

● 保護費の使い道は自由

　生活状況に関して問題がある場合は指導の対象となりますが、保護費の収支をいちいち確認するわけではありません。保護費の使い道は受給者が自分で決める権利があり、現金で支給しているのもそのためです。ただし、すぐに費消してしまうなど、明らかに不審な点があれば指導を受けることはあります。

　また、保有が認められた生命保険から保険金が下りた場合など、保護費以外に収入があったときには、それが臨時収入であっても、必ずその都度、報告する義務があります。報告に漏れがあって不正受給と受け取られ、厳しい処分を受けないようにするためにも正しく申告するように心がけましょう。

　あくまでも最低限度の生活費として生活保護費を受け取っている

のですから、自覚をもって使うべきでしょう。

● 保障されることは何か

　生活保護は、生活に困っている人に対して、国で定めた基準までの生活を無差別平等に保障しようとする制度です。このため、「生活保護を受けることによって、差別を受けることはない」「正当な理由がなく、保護金品を減停止されることはない」「保護金品に税金をかけられることはない」「支給された保護金品や、これから受ける権利を差し押さえられることはない」ことを、権利として保障しています。生活保護を受けることは決して恥ずかしいことではありません。自分や家族がいくら協力して努力してもどうしようもない場合は、ためらわずに福祉事務所に相談すればよいのです。

　また、生活保護はすべての国民に保障されている権利であるため、「常に能力に応じて勤労に励み、家計の節約を図り、生活の向上に努めること」「収入や支出など生計の状況が変わったとき、または住所や家族の構成、状態が変わったときは、早いうちに必ず職員に届け出ること」「保護を受けている権利を他人に譲り渡さないこと」「その他、職員のアドバイスを参考にして生活の維持向上に努めること」を守ることが保護受給要件となります。

● 保護費の増減について

　入院や仕事をした場合は、渡される生活保護の金額が変わります。入院費は生活保護費でまかなわれますので、その金額（食費など）が引かれた額が生活費となります。同様に仕事で収入があれば、生活費は基本的には収入を差し引いた額になります。

　ただし、仕事で収入があった場合、収入の一部は「基礎控除」として手元に残りますので、収入を得ない場合よりは、生活保護の金額は増えることになります。

● 支給が停止・廃止される場合もある

　生活保護の停止とは、ある条件の下で支給が一時的に止まることをいい、停止の条件がなくなれば、支給は再開されます。一方、生活保護の廃止は、支給の権利そのものを失うことをいいます。停止になる場合は停止通知書が、廃止になる場合には廃止通知書が届くことになっています。

　具体的には、「受給者が死亡・転出などでその市区町村の住民でなくなったとき」「生活保護以外の収入・資産で自立できるようになったとき」「本人が生活保護を辞退したとき」「本人が自立のための努力を怠っているとき」「法令違反をし、指導にも従わないとき」に支給が停止・廃止されます。

　「受給者の死亡・転出」については、家族が複数いる場合は、一人が死亡・転出したとしても、支給要件が続く限り、支給は続きます。また、福祉事務所の許可を得て転出した場合は、転出先の福祉事務所で再申請することになり、今まで居住していた場所の福祉事務所の生活保護は廃止となります。なお、生活保護費の一部は自治体が負担しているため、財政的な点から、生活保護申請が認められやすい市区町村とそうでない市区町村があるといわれています。そのため、転出の際の市区町村間の連絡がうまくいかないと、保護が一時的に途切れてしまう可能性があることに注意しましょう。

　「生活保護以外の収入・資産で自立できる」場合の基準は、6か月間継続して最低生活費以上の収入を得られるようになったとき、というのが1つの目安です。一時的に保護を必要としなくなった場合には保護が停止され、おおむね6か月を越えて保護を要しない状態が継続すると認められるときに保護の廃止が検討されることになります。

　「自立のための努力を怠っている」とは、働けるのに働き口を見つけようとしないような場合です。何回か指導を受けた上で、それでも仕事を見つけようとしない場合に生活保護が廃止されます。

19 生活困窮者自立支援法による支援について知っておこう

生活保護の状態になることを防ぐために各種支援が行われる

● 生活困窮者自立支援法の事業の概要

　生活困窮者自立支援法は、生活保護制度の見直しおよび生活困窮者対策に総合的に取り組む法律として平成27年に施行されました。
　生活困窮者とは、「現に経済的に困窮し、最低限度の生活を維持することができなくなるおそれのある者」で（2条）、いつ生活保護状態に陥ってもおかしくない状態の人が対象です。具体的には、次の措置を講ずることで、生活困窮者の自立促進を図ることを目的とした法律です。

・生活困窮者自立相談支援事業
　生活困窮者の抱える問題のアセスメント（評価）を行い、自立に向けて必要になる支援内容や種類、進め方についての計画を作成します。

・住居確保給付金の支給
　支給要件（月収・同居親族分も含めた資産内容・就職活動の有無）を満たす者に対して家賃相当額の住居確保給付金を支給します。

・就労準備支援事業、就労訓練事業
　就労準備支援事業とは、集団活動が困難なため就労が難しい場合、生活訓練や社会訓練、技術習得訓練などを行い、就労のための基礎能力を形成するための事業です。一方、就労訓練事業とは、何らかの事情で継続就労ができない生活困窮者に対し、就労訓練の場を設け、就労に必要な知識や技術を習得する機会を提供する事業です。

・家計相談支援事業
　家計の管理についての支援です。具体的には、①家計の管理に関する相談を受ける、②必要な情報の提供や助言をする、③支出の節約に

関する指導や必要な資金の貸付あっせんを行う、などが挙げられます。

・学習支援事業等
　生活困窮者が養育する児童生徒に対する養育相談や学習機会の提供、学生ボランティアなどによる学習支援が行われます。

・一時生活支援事業
　住居がなく、一定水準以下の収入しか得られていない人などに対して、宿泊場所の供与や衣食の供与といった緊急の保護を行う事業です。

◉ 求職者支援制度や生活保護法の支援との連携

　生活困窮者自立支援制度と関係した法律に、雇用保険が受給できない者に職業訓練の受講機会を提供する「雇用保険法の求職者支援制度」や、要保護者（現時点での保護の有無にかかわらず、保護を必要とする状態にある者）を対象とするサービスを提供する「生活保護法の被保護者就労支援事業」があります。

　生活困窮者自立支援制度は、これらの法律と連携して、経済的に困難な状態にある者やその家族を総合的にカバーしていきます。

■ 生活困窮者対策と生活困窮者自立支援法の支援

生活困窮者対策 → 生活保護を防ぐためのさまざまな支援を行う

- 自立相談支援事業
- 就労準備支援事業
- 家計相談支援事業
- 学習支援事業
  その他の自立促進事業
- 住居確保給付金
- 一時生活支援事業

生活保護になる前に支援をする必要あり！

生活保護

第4章

税金の計算方法と申告手続き

1 年金にも税金がかかる

年金所得は雑所得のひとつである

● 所得にもさまざまな種類がある

所得税とは、個人の所得に対して課税される国税です。これに対し、法人に課税されるものを法人税といいます。

所得税では、所得を10種類に分類して、それぞれの所得ごとに所得の金額の計算方法を定めています。

所得といっても、勤労から得た所得や、財産の売却から得た所得や資産の運用から得た所得などさまざまなものがあります。所得の性質によって税金を負担することができる能力は異なるので、全所得を同じものとして税金をかけるのは不公平です。そのため、所得を10種類に分けて、それぞれの特性に応じた計算方法を定めています。

所得には、給与所得、退職所得、譲渡所得などさまざまな性質のものがありますが、所得税は、これらの所得にすぐ税率を掛けて求めるわけではなく、これらの所得から扶養控除、配偶者控除、基礎控除など所定の「所得控除」を差し引いて「課税所得金額」を計算し、この課税所得金額に税率（超過累進税率）を掛けて求めます。さらに所得控除後の所得から、配当控除、住宅ローン控除、外国税額控除などの「税額控除」を差し引いて実際に納付する所得税額を求めます。

● 雑所得とは

退職後は年金生活者になる人も多いかもしれませんが、老齢年金にも税金はかかります。

国民年金や厚生年金などの公的年金は、所得税法の所得の区分でいうと、**雑所得**になります。雑所得とは、利子所得から一時所得のい

ずれにも該当しない所得です。雑所得は、公的年金等による所得と、それ以外の所得に区分されます。「公的年金等」とは、国民年金、厚生年金、共済年金、恩給（一時恩給を除く）、確定給付企業年金等をいいます。「それ以外の所得」には、国税や地方税の還付加算金、生命保険契約に基づく個人年金および事業から生じたものではない動産の貸付による所得、原稿料、著作権の使用料、講演料、金銭の貸付による所得、資産の継続的売買による所得などが含まれます。

雑所得は、次の①と②の合計額で算出します。
① その年の公的年金等の収入金額から公的年金等控除額を控除した残額
② ①以外のその年の雑所得にかかる収入金額から必要経費を控除した金額

公的年金等の場合、必要経費に代わるものとして、年齢や公的年金等の収入金額に応じて一定の「公的年金等控除額」を公的年金等の収入金額から差し引くことができます。

■ 所得の種類

利 子 所 得	預貯金・公社債などの利子
配 当 所 得	株式の配当・剰余金の分配など
不 動 産 所 得	土地・建物などの貸付けによる所得
事 業 所 得	事業による所得（不動産賃貸所得は不動産所得）
給 与 所 得	給料・賞与など
退 職 所 得	退職金・一時恩給など
山 林 所 得	山林・立木の売却による所得
譲 渡 所 得	土地・建物・株式・ゴルフ会員権などの売却による所得
一 時 所 得	懸賞の賞金・生命保険の満期保険金など一時的な所得
雑 所 得	公的年金や事業とはいえないほどの原稿料、講演料など上記にあてはまらない所得

公的年金等控除額については、公的年金の収入に応じて次ページ図のように定められています。たとえば、65歳以上の人で「公的年金等の収入金額の合計額」が400万円の場合には、公的年金等にかかる雑所得の金額は以下のようになります。

4,000,000円×25%＋375,000円＝1,375,000円

公的年金の受給額が一定以上の場合には、受給額から所得税が源泉徴収され、確定申告を行うことにより、税金の過不足を精算することになります。

また、年金受給者の申告の負担をなくすための「確定申告不要制度」が導入された平成23年分以後の所得については、公的年金等の収入が400万円以下、かつその他の所得金額が20万円以下の人は確定申告を行う必要がなくなりました。ただし、医療費控除などで還付を受けようとする場合は、確定申告が必要です。また、所得税の確定申告が不要な場合であっても、「公的年金などの源泉徴収票」に記載されている控除以外の各種控除の適用を受ける場合など、住民税の申告が必要になるケースがありますので注意が必要です。

● 雑所得の課税方法

雑所得の金額は、原則として総合課税されますが、定期積金の給付補てん金など、特定の所得は、源泉分離課税となります。また、会社からの給与収入がある人の場合、給与賞与による収入が「給与所得」という分類であるのに対して、会社員の印税・原稿料などの副業による所得は、原則として「雑所得」になります。

こうした副業によって収入があった場合、原則として確定申告が必要ですが、副業の年間の所得金額の合計が20万円以下であれば確定申告は不要です（ただし、その場合でも住民税の申告が必要になるケースはあります）。

● 個人年金にかかる税金

　個人年金とは、保険会社や信託銀行等で提供される老後の生活資金を準備するための商品で、大きく分けて保険形式と貯蓄形式の2種類があります。保険形式の年金は、払い込んだ保険料が一定期間運用され、年金として受けとれるというものです。受け取った年金は、「公的年金以外の雑所得」に区分されます。簡単にいうと、受け取った年金額と払い込んだ掛金との差額が所得金額となり、25万円以上の場合10.21％が源泉徴収されます。

　貯蓄形式の年金は、元本とその運用収益を一定期間年金で受け取るというものです。元本以外の部分については、利子所得として20.315％が源泉分離課税されます。ただし財形年金貯蓄については、元本550万円までの利子は非課税です。

■ 雑所得の税金

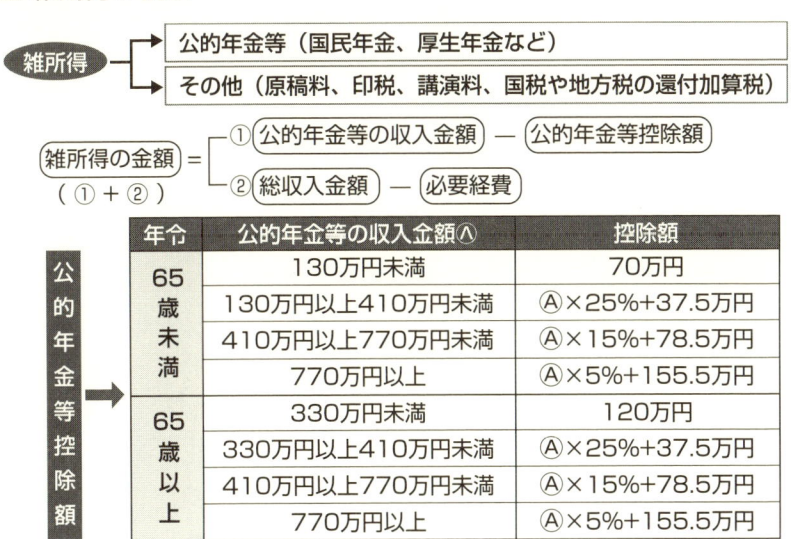

雑所得 → 公的年金等（国民年金、厚生年金など）
　　　 → その他（原稿料、印税、講演料、国税や地方税の還付加算税）

雑所得の金額（①＋②）＝ ① 公的年金等の収入金額 － 公的年金等控除額
　　　　　　　　　　　② 総収入金額 － 必要経費

公的年金等控除額

年令	公的年金等の収入金額Ⓐ	控除額
65歳未満	130万円未満	70万円
	130万円以上410万円未満	Ⓐ×25％+37.5万円
	410万円以上770万円未満	Ⓐ×15％+78.5万円
	770万円以上	Ⓐ×5％+155.5万円
65歳以上	330万円未満	120万円
	330万円以上410万円未満	Ⓐ×25％+37.5万円
	410万円以上770万円未満	Ⓐ×15％+78.5万円
	770万円以上	Ⓐ×5％+155.5万円

第4章　税金の計算方法と申告手続き

2 退職者にも住民税や所得税がかかる

1年遅れで徴収される住民税には細心の注意が必要

● 最後の給料から税金や社会保険料が引かれる

　会社を辞める場合、最後にもらう給料からは相当な金額が天引きされることが考えられますので注意が必要です。雇用保険や厚生年金、健康保険などの社会保険料や源泉所得税の他に、住民税がまとめて引かれる可能性もありますので、頭に入れておきましょう。住民税については以下で見ていきます。

● 前年の所得で計算される住民税

　住民税は、前年の1月から12月までの所得に対してかかる税金です。会社員の場合は、その年の6月から翌年の5月までに分割され、給与から天引きされています。そのため、会社員が退職する場合、給与明細を開いた瞬間に驚くことの一つが、天引きされる住民税の金額です。たとえば、毎月3万円の住民税を支払う社員が3月末に退職した場合、3～5月の3か月分の住民税9万円がまとめて給与から天引きされます。通常の3倍の金額となり、控除の金額がかなり多くなることがわかります。一括して支払うことのできる余裕のある人もいるものの、最後の給与は日割で少なくなっている上にさらに税金を納めろと言われれば、困惑する場合もあるでしょう。一括での納付が厳しい場合には、分割納付を選択できます。さらにどうしてもお金がない場合は区役所や役場に相談に行けば、分納期間を延長することも可能です。ただしこの場合は延滞金の名目で延長期間に応じて利息が加算されます。

　また、定年退職の場合は、定年後の収入がなくなった時期に、現役時代の所得に対して課税された住民税を納めなければなりません。

事前に住民税の納付分を準備しておく必要があります。

　なお、定年退職し、厚生年金や国民年金などの公的年金等を受け取る場合ですが、年金についても他の所得と同様に住民税が課税されます。この場合、前年度の年金所得に対する住民税が課されることになります。年金にかかる住民税は、通常は年金から直接引き落とし（特別徴収）となりますので、特に納付するための手続きは必要ありません。なお、年金の受取り額等によっては、住民税が非課税となる場合もあります。住民税が課税されるかどうかについては、年齢や収入金額、扶養親族の人数など、それぞれ個人のケースに応じて異なります。

● 退職したままでは年末調整が受けられないが

　国税である所得税の場合、住民税と計算方法が異なります。所得税は毎月の収入に対して給与から天引きされ、住民税のようなタイムラグはありません。一方で、所得税は1年間働き続けることを前提に総額をあらかじめ算出し、それを12分割した金額を毎月の給与から徴収しています。そのため、年の途中で結婚や出産により扶養家族が増えたり、家を買って住宅ローンを抱えた場合は、そのままでは税金の納付過多となります。年の途中で会社を辞めた場合、支払うべき税金は少なくなります。勤めを辞めていなければ年末調整により取られ過ぎた税金が戻ってきますが、会社を辞めた場合は年末調整ができません。この場合は、確定申告をして払い過ぎた分を取り戻すことになります。確定申告は、5年以内であれば提出できますが、早めに行う方がよいでしょう。

　なお、会社を退職したものの、同じ年に別の会社に再就職した場合は、再就職先の会社に年末調整をしてもらえるため何もする必要はありません。ただし、年末調整の際には必ず前職で発行された源泉徴収票の提出が必要になります。源泉徴収票の提出が遅れると確定申告をしなければならなくなります。

3 退職金にはどの程度の所得税がかかるのか

2分の1だけを課税対象とする分離課税を適用する

● 退職手当や一時恩給には税金がかかる

　退職所得とは、退職手当、一時恩給その他の退職により一時に受ける給与及びこれらの性質を有する給与（退職手当等といいます）にかかる所得をいいます。一時恩給とは、恩給法の規定により公務員が3年以上勤務して普通恩給を受けることができる年数に達しないうちに退職する場合に支給される給与をいいます。また、国民年金法、厚生年金保険法、国家公務員共済組合法、地方公務員等共済組合法、私立学校教職員共済法に基づく一時金や確定給付企業年金法に基づいて支給を受ける一時金も退職手当等とみなされます。

　なお、使用者が労働基準法に定める解雇予告の規定による予告をしないで使用人を解雇する場合に、その使用者から支払われる予告手当も、退職手当等とされます。

● 退職所得の金額と退職所得控除額の計算方法

　退職所得はその年の退職手当等の収入金額から退職所得控除額を控除した残額の2分の1に相当する金額です。

　ところで所得税法における所得には、退職所得の他にもさまざまな種類があります。これらの所得の計算方法では、収入から必要経費を控除した残額とするものが多いようです。しかし退職所得の場合は必要経費という概念は一切なく、それに代わるものとして、勤続年数に応じて一定の退職所得控除額を退職手当等の収入金額から差し引くことができます。退職所得控除額は、勤続年数20年を区切りとして次の算式により求めます。

① 勤続年数が20年以下の場合
　40万円×勤続年数
② 勤続年数が20年を超える場合
　800万円＋70万円×（勤続年数－20年）

　さらに、退職者が障害者になって退職したようなときには、上記の控除額に100万円が加算されます。

　勤続年数の計算は、通常の場合、退職手当の支払を受ける人が、退職手当の支払者（会社など）の下において退職の日まで引き続き勤務した期間（以下「勤続期間」といいます）によって計算します。この勤続期間の計算にあたって１年未満の端数があるときは、その端数は１年に切り上げて勤続年数を計算します。

　次に、退職所得に対する所得税ですが、一般の会社員の場合、退職金から退職所得控除額を控除した残額の２分の１に対して課税されます。算式に表すと以下のようになります。

所得税額＝（特定役員の退職金－退職控除額）×税率

　なお、勤続年数５年以下の会社役員（特定役員）の退職金については、残額の２分の１ではなく、所得税は退職所得控除後の残額に課税されることになります。

●「退職所得の受給に関する申告書」を提出しているかどうか

　退職所得は、他の所得とは総合せず、分離課税して所得税を計算します。その理由は、長年働いてきた成果である退職金に対して、総合課税として、他の所得と合算して超過累進税率により多額の所得税を課すのはあまりに酷だからです。退職金は老後の資金としての性格がありますので、税負担が過重にならないような配慮をしているのです。ただし、死亡退職手当は相続税の対象となり、相続税を計算する上で一定の控除があり考慮されています。

　なお、退職金を受け取るときまでに「退職所得の受給に関する申

告書」を提出していれば、課税退職所得金額に対する所得税が源泉徴収されていますので、原則として確定申告する必要はありません（源泉分離課税）。

ただし、申告の必要がない場合でも、他に赤字の所得があって、損益通算できる場合には、確定申告した方が有利になります。

一方、「退職所得の受給に関する申告書」の提出がなかった人の場合は、退職手当等の支払金額の20％が源泉徴収されます。この場合は、退職金を支払う会社が発行する退職所得の支払調書に勤続年数などの記載があるので、確定申告をすることによって税額の精算を行うことになります（申告分離課税）。

■ 退職所得にかかる税金

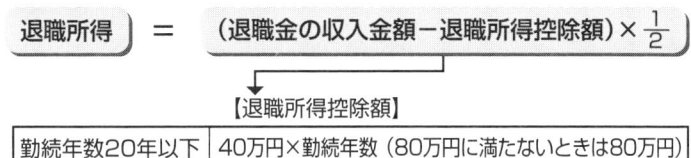

$$\text{退職所得} = (\text{退職金の収入金額} - \text{退職所得控除額}) \times \frac{1}{2}$$

【退職所得控除額】

勤続年数20年以下	40万円×勤続年数（80万円に満たないときは80万円）
勤続年数20年超	800万円＋70万円×（勤続年数－20年）

※障害退職のときは、上記控除額＋100万円

(例1) 勤続年数が15年2か月の人の場合
① 勤続年数は16年になる（端数の2か月は1年に切上げ）
② 40万円 × 勤続年数 ＝ 40万円×16年 ＝ 640万円
この場合の退職所得控除額は、640万円になる

(例2) 勤続年数が40年の人の場合
① 勤続年数は、40年になる
② 800万円＋70万円 × （勤続年数－20年） ＝
800万円＋70万円×20年＝2,200万円
この場合の退職所得控除額は、2,200万円になる。

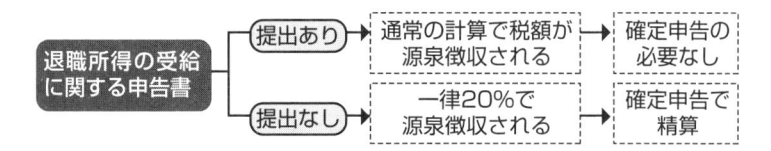

退職所得の受給に関する申告書
- 提出あり → 通常の計算で税額が源泉徴収される → 確定申告の必要なし
- 提出なし → 一律20％で源泉徴収される → 確定申告で精算

書式　退職所得の受給に関する申告書

退職所得の受給に関する申告書／退職所得申告書

平成26年10月8日　平成26年分
○○税務署長殿
○○市町村長殿

退職手当の支払者の
- 所在地（住所）：〒141-0000　東京都品川区五反田1−2−3
- 名称（氏名）：株式会社　緑商会

あなたの
- 氏名：本庄貴志　㊞
- 現住所：〒152-0000　東京都目黒区東7−13−9
- その年1月1日現在の住所：同上

A欄
（このA欄には、全ての人が、記載してください。（あなたが、前に退職手当等の支払を受けたことがない場合には、下のB以下の各欄には記載する必要がありません。））

① 退職手当等の支払を受けることとなった年月日：平成26年9月30日

② 退職の区分等：一般／障害　生活扶助の　有・無

③ この申告書の提出先から受ける退職手当等についての勤続期間：自 平成17年4月1日　至 平成26年9月30日　10年
- うち特定役員等勤続期間：有・無
- うち重複勤続期間：有・無

B欄
あなたが本年中に他にも退職手当等の支払を受けたことがある場合には、このB欄に記載してください。

④ 本年中に支払を受けた他の退職手当等についての勤続期間
うち特定役員等勤続期間　有・無

⑤ ③と④の通算勤続期間
- うち特定役員等勤続期間
- うち重複勤続期間

C欄
あなたが前年以前4年内（その年に確定拠出年金法に基づく老齢給付金として支給される一時金の支払を受ける場合には、14年内）に退職手当等の支払を受けたことがある場合には、このC欄に記載してください。

⑥ 前年以前4年内（その年に確定拠出年金法に基づく老齢給付金として支給される一時金の支払を受ける場合には、14年内）の退職手当等についての勤続期間

⑦ ③又は⑤の勤続期間のうち、⑥の勤続期間と重複している期間
- うち特定役員等勤続重複期間との通算期間　有・無

D欄
A又はBの退職手当等についての勤続期間のうちに、前に支払を受けた退職手当等についての勤続期間の全部又は一部が通算されている場合には、その通算された勤続期間等について、このD欄に記載してください。

⑧ Aの退職手当等についての勤続期間（③）に通算された前の退職手当等についての勤続期間
- うち特定役員等勤続期間　有・無

⑪ A、⑤又は⑨の勤続期間だけからなる部分の期間
- うち特定役員等勤続期間　有・無

⑨ Bの退職手当等についての勤続期間（④）に通算された前の退職手当等についての勤続期間
- うち特定役員等勤続期間　有・無

⑩ ⑦と⑩の通算期間
- うち④と⑨の通算期間

E欄
B又はCの退職手当等がある場合には、このE欄にも記載してください。

区分	退職手当等の支払を受けることとなった年月日	収入金額（円）	源泉徴収税額（円）	特別徴収税額 市町村民税（円）	特別徴収税額 道府県民税（円）	支払を受けた年月日	退職の区分	支払者の所在地（住所）・名称（氏名）
B 一般							一般／障害	
B 特定役員							一般／障害	
C							一般／障害	

（注意）
1. この申告書は、退職手当等の支払を受ける際に支払者に提出してください。提出しない場合は、所得税及び復興特別所得税の源泉徴収税額は、支払を受ける金額の20.42%に相当する金額となります。また、市町村民税及び道府県民税については、延滞金を徴収されることがあります。
2. Bの退職手当等がある人は、その退職手当等についての退職所得の源泉徴収票（特別徴収票）又はその写しをこの申告書に添付してください。
3. 支払を受けた退職手当等の金額の計算の基礎となった勤続期間に特定役員等勤続期間が含まれる場合は、その旨並びに特定役員等勤続期間、年数及び収入金額等を所定の欄に記載してください。

（規格A4）

24.10 改正

4 申告納税額の計算手順について知っておこう

一定の手順に従って計算する

● 所得税の具体的な計算方法

ここでは、6段階に分かれる所得税の計算について順を追って説明していきます。

① 総所得金額を求める

所得の種類は、利子所得・配当所得・事業所得・不動産所得・給与所得・退職所得・譲渡所得・山林所得・一時所得・雑所得の10種類に分類されます。その10種類に分類された所得は、それぞれの所得について、収入金額から差し引く必要経費の範囲や特別控除などが決められていますので、それに従ってそれぞれの所得金額を計算します。

② 所得控除額を計算する

各人の個人的事情などを考慮して設けられている所得控除額を計算します。災害により資産に損害を受けた場合の「雑損控除」、多額の医療費の支出があった場合の「医療費控除」、配偶者や扶養親族がいる場合の「配偶者控除」や「扶養控除」、すべての人に認められている「基礎控除」など、10種類以上の所得控除が設けられています。

③ 課税所得金額を求める

所得金額から所得控除額を差し引いて課税所得金額（1,000円未満切捨）を求めます。

④ 所得税額を算出する

課税所得金額に税率を掛けて所得税額を計算します。税率は、課税所得金額に応じて5％から45％の7段階に分かれています。

⑤ 所得税額から税額控除額を差し引く

税額控除には、配当控除や住宅ローン控除などがあります。配当控

除とは、配当を受け取った場合や収益を分配された場合に一定の方法により計算した金額を控除するものです。また、ローンを組んで住宅を購入した場合には、ローン残高に応じて一定の金額が控除できます。

⑥ 源泉徴収税額や予定納税額を差し引く

税額控除後の所得税額（年税額）から源泉徴収された税額や前もって納付している予定納税額があるときは差し引いて精算します。これで最終的に納める所得税額（100円未満切捨）または還付される所得税額が算出されます。

● 所得税の税率

所得税は5％～45％までの7段階の超過累進税率を適用して計算します。具体的には、下表の速算表で計算します。なお、平成25年1月から平成49年12月までの所得については、東日本大震災からの復興の施策を実施するために必要な財源の確保を目的として、復興特別所得税が課されることになっており、通常の所得税額の2.1％相当額が一律に加算されることになります。

■ 所得税の速算表

課税される所得金額	税率	控除額
① 195万円以下	5%	0円
② 195万円を超え　330万円以下	10%	97,500円
③ 330万円を超え　695万円以下	20%	427,500円
④ 695万円を超え　900万円以下	23%	636,000円
⑤ 900万円を超え　1,800万円以下	33%	1,536,000円
⑥ 1,800万円超え　4,000万円以下	40%	2,796,000円
⑦ 4,000万円超（※⑦については平成27年分の所得税から適用）	45%	4,796,000円

（注）たとえば「課税される所得金額」が700万円の場合には、求める税額は次のようになります。
　　　700万円×0.23－63万6,000円＝97万4,000円

5 所得控除・税額控除について知っておこう

それぞれの申告者ごとに個人の事情にあわせた控除項目がある

● 所得控除とは

　所得税では、労働者保護のための社会政策などを考慮して、各種の所得控除が設けられています。

　所得控除には、①雑損控除、②医療費控除、③社会保険料控除、④小規模企業共済等掛金控除、⑤生命保険料控除、⑥地震保険料控除、⑦寄附金控除、⑧障害者控除、⑨寡婦（夫）控除、⑩勤労学生控除、⑪配偶者控除、⑫配偶者特別控除、⑬扶養控除、⑭基礎控除、の14種類があります。

　所得控除の適用は基本的には本人の所得について判断しますが、障害者控除や扶養控除、配偶者控除のように、配偶者や扶養親族を対象とするものもあります。控除の対象となる配偶者に該当するか、または、扶養親族に該当するかは、その年の12月31日の状況により判断します。以下、高齢者が行う申告との関係で関わりが深い所得控除を見ていきましょう。

● 医療費控除とは

　自分自身や家族のために医療費を支払った場合、一定の金額の所得控除を受けることができます（上限は200万円）。これを**医療費控除**といいます。医療費控除の対象となる医療費は、納税者が、自分自身または自分と生計を一にする家族のために支払った医療費でなければなりません。また、その年の12月31日までに実際に支払った医療費であることが条件です。対象となる医療費は、以下のとおりです。
①　医師、歯科医師に支払った診療代

② 治療、療養のために薬局で買った医薬品代
③ 病院等に支払った入院費
④ 治療のためのあんま、はり、きゅう、整体などの施術費このような費用につき、年間に支払った医療費の総額（保険金等で補てんされる金額を除きます）から10万円（総所得金額等が200万円未満の人は総所得金額等の5％）を差し引いた金額が医療費控除額になります。

たとえば、1年間にかかった医療費が9万円（生命保険からの補てんなし）、年収250万円のBさんの場合、まず、給与所得控除を差し引き、年間所得を求めます。

250万円－（250万円×30％＋18万円）＝157万円

157万円＜200万円ですから、Bさんの場合、7万8500円（＝157万円×5％）を超える部分の金額について、医療費控除の対象となります。医療費控除の計算式にあてはめると、Bさんは、1万1500円の医療費控除を受けることができます。

9万円－7万8500円＝1万1500円

■ 医療費になるもの、ならないもの

医療費となるもの
① 医師・歯科医師による診療または治療（健康診断の費用は含まない）
② 治療・療養に必要な医薬品の購入
③ 病院・診療所・指定介護老人福祉施設へ収容されるための人的役務の提供
④ あんま、マッサージ指圧師、はり師、きゅう師、柔道整復師等に関する法律に規定する施術者の施術
⑤ 看護師・準看護師による療養上の世話
⑥ 在宅における療養上必要とする費用や看護費用

医療費とならないもの
① 美容整形などの費用
② 健康ドリンクや病気予防のための薬などの購入費用
③ 人間ドックなどの健康診断の費用（ただし、その結果病気が発見され、引き続き治療を受けるときのこの費用は医療費の対象となる）
④ 治療に直接必要としない眼鏡や補聴器などの購入費用

● 寡婦控除・寡夫控除とは

　申告者本人が寡婦（寡夫）である場合に適用され、次のⓐまたはⓑの金額が控除額となります。寡婦（寡夫）と認められるためには、合計所得金額が500万円以下など、一定の要件を満たすことが必要です。
ⓐ　一般の寡婦（寡夫）：27万円
ⓑ　特定の寡婦（夫と死別または離婚しかつ合計所得金額が500万円以下で、扶養親族となる子がいる者）：35万円

● 配偶者控除・配偶者特別控除とは

　納税者に控除対象配偶者がいる場合には、一定の金額の所得控除が受けられます。これを**配偶者控除**といいます。

　控除対象配偶者とは、納税者の配偶者でその納税者と生計を一にする者のうち、年間の合計所得金額が38万円以下である人のことです。配偶者控除額は原則38万円ですが、控除対象配偶者が70歳以上の場合、控除額が増額されます（48万円）。配偶者の年間合計所得金額が38万円を上回ってしまうと、配偶者控除を受けることはできませんが、配偶者の所得金額の程度に応じて、一定の金額の所得控除が受けられる**配偶者特別控除**という制度が設けられています。配偶者特別控除を受けるためには配偶者の合計所得金額が38万円超76万円未満であることが必要です。

　ただし、この配偶者特別控除は納税者自身の合計所得金額が1000万円を超える場合には適用されません。

● 扶養控除とは

　納税者に扶養親族がいる場合には、一定の金額の所得控除が受けられます。これを**扶養控除**といいます。扶養親族とは、納税者と生計を一にする配偶者以外の親族、養育を委託された児童、養護を委託された老人で所得金額の合計が38万円以下である人のことです。

「生計を一にする」とは、必ずしも同一の家屋で起居していることを要件とするものではありませんから、たとえば、勤務、修学、療養等の都合上別居している場合であっても、余暇には起居をともにすることを常例としている場合（休暇の時には一緒に生活している場合など）や、常に生活費、学資金、医療費等を送金している場合には、「生計を一にする」ものとして取り扱われます。

扶養控除の金額については下図のとおりです。

● 基礎控除とは

基礎控除は、他の所得控除のように一定の要件に該当する場合に控除するというものではありません。所得の多寡や扶養親族の有無などに関わりなく、すべての人に適用されます。基礎控除の金額は一律に38万円となっています。簡単にいえば、所得が38万円以下であれば所得の種類にかかわらず、誰でも無税ということになります。確定申告や年末調整の際には、所得税額の計算をしますが、この計算の時に、すべての人の総所得金額などから一律に差し引かれます。

■ 配偶者控除・扶養控除の額

	区　　分　(注1)	控除額
配偶者控除	70歳未満　　（一般の控除対象配偶者）	38万円
	70歳以上　　（老人控除対象配偶者）	48万円
扶養控除	16歳以上19歳未満	38万円
	19歳以上23歳未満　（特定扶養親族）	63万円
	23歳以上70歳未満	38万円
	70歳以上　　　　　（老人扶養親族）	48万円
	同居老人扶養親族　(注2)　の加算	58万円

（注）1　区分の欄に記載している年齢はその年の12月31日現在によります。
　　　2　同居老人扶養親族とは、老人扶養親族のうち納税者またはその配偶者の直系尊属で納税者またはその配偶者と常に同居している人をいいます。

● 税額控除

税額控除とは、所得税額から直接控除できるとても有利な制度です。同じ控除という名前がつく所得控除は、所得に税率を乗じる前の段階で控除するので、税額に与えるインパクトは、「所得控除額×税率」にとどまります。

一方、税額控除は、所得に税率を乗じた後の所得税額から直接控除することができますので、税額に与えるインパクトはダイレクトに税額控除額そのものになります。税額控除には下図のようにさまざまな種類がありますが、代表的なものとしては、以下の配当控除や住宅借入金等特別控除があります。

配当控除とは、個人が株式の配当金等を受け取った場合において、一定の方法により計算した金額を、その個人の所得税額から控除するものです。住宅借入金等特別控除（住宅ローン控除）とは、個人が住宅を購入したとき（中古住宅を含む）などに金融機関で住宅ローンを組んだ場合に受けられる控除です。

■ おもな税額控除の種類

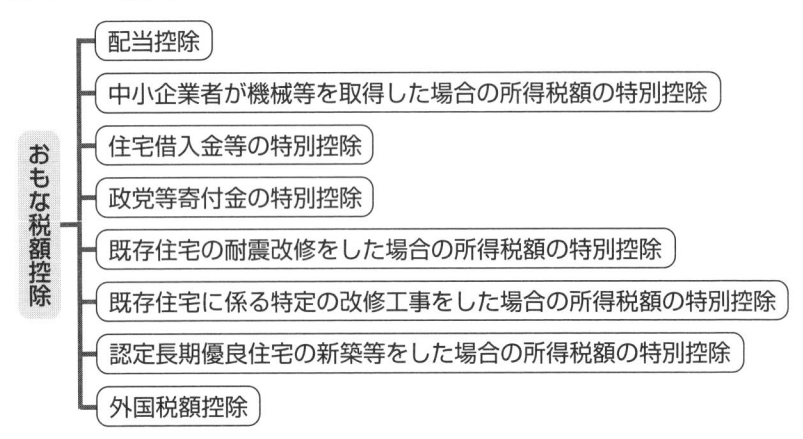

おもな税額控除
- 配当控除
- 中小企業者が機械等を取得した場合の所得税額の特別控除
- 住宅借入金等の特別控除
- 政党等寄付金の特別控除
- 既存住宅の耐震改修をした場合の所得税額の特別控除
- 既存住宅に係る特定の改修工事をした場合の所得税額の特別控除
- 認定長期優良住宅の新築等をした場合の所得税額の特別控除
- 外国税額控除

6 確定申告について知っておこう

所得税の申告・納税のための手続きである

● 確定申告とは

　所得税などを納税者が自ら計算して税額を確定し、税務署に申告することを**確定申告**といいます。

　確定申告は、毎年2月16日から3月15日の1か月間に所轄の税務署に対して行います。対象となるのは、前年の1月1日から12月31日までの1年間のすべての所得です。納税の場合の納付期限も確定申告期限の3月15日です。この期限までに申告・納付をしないときは、無申告加算税や延滞税といった罰金的な税金が課されます。

　確定申告をしなければならない人が死亡した場合には、その相続人は、原則として相続の開始があったことを知った日（死亡の日）の翌日から4か月以内に死亡した人（被相続人）の所得について確定申告（準確定申告）をしなければなりません。

　なお、e-Tax（国税電子申告・納税システム）というシステムでは、あらかじめ開始届出書を提出し、登録をしておけば、インターネットで国税に関する申告や納税、申請・届出などの手続きができます。

● 年の途中で退職した場合の手続き

　年の途中で勤務先を退職した場合、その年のうちに再就職したのであれば、その再就職先で年末調整をしてもらうことができます。

　ただ、この場合、前の勤務先から交付を受けた源泉徴収票（その年の1月1日以降退職日までの給与所得金額等が記載してあるもの）を新たな勤務先に提出する必要があります。

　一方、年の途中で退職したものの、その年のうちに再就職しなかっ

た場合は、確定申告をすることによって、前の勤務先で源泉徴収されていた所得税の一部の還付を受けることができます。確定申告書を提出する際には、生命（地震）保険料控除証明書なども添付することになります。

◉ 更正の請求

　すでに確定申告をしている人が、その確定申告した年分の所得税につき、法律の規定に従っていない場合や計算に誤りがあったため、税金を多く払ってしまった、あるいは還付される税金が少なかったという場合には、**更正の請求**という手続をすることができます。

　この手続きは、誤り等の内容を記載した「所得税の更正の請求書」という書類を税務署に提出することにより行います。更正の請求ができる期間は、確定申告書の提出期限から5年です。

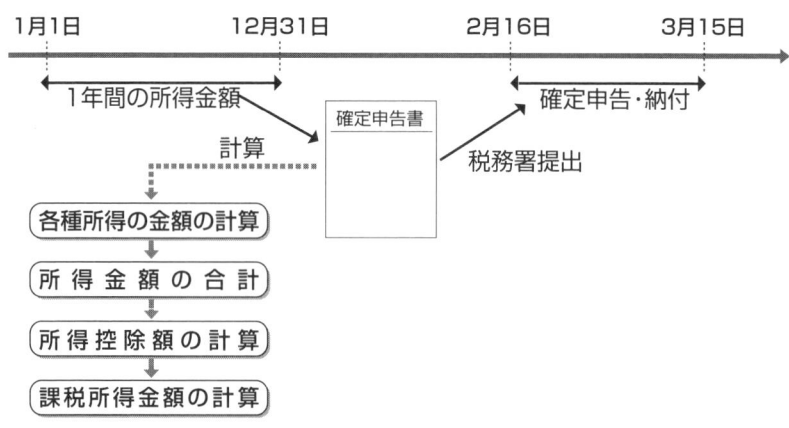

■ 確定申告の流れ

```
1月1日          12月31日         2月16日        3月15日
 ├──────────────┤                 ├──────────────┤
    1年間の所得金額                    確定申告・納付
                   計算     確定申告書
                         税務署提出

 ┌─────────────────┐
 │各種所得の金額の計算│
 └─────────────────┘
         ↓
 ┌─────────────────┐
 │ 所 得 金 額 の 合 計 │
 └─────────────────┘
         ↓
 ┌─────────────────┐
 │ 所 得 控 除 額 の 計 算 │
 └─────────────────┘
         ↓
 ┌─────────────────┐
 │ 課税所得金額の計算 │
 └─────────────────┘
```

（課税所得金額 × 税率）－税額控除額－（源泉徴収税額・予定納税額）
　　　　　　　　　　　　　　　　＝ 納付税額または還付税額

7 申告書の作成方法について知っておこう

申告する所得によって使用する確定申告書が変わる

● 使用する申告書を確認する

　確定申告書の種類は、A様式とB様式の2種類あります。

　従来は6種類の申告書が使用されていましたが、自書申告の推進・定着を図る中で、納税者からの「わかりやすく書きやすい申告書を」というニーズにこたえるため、A様式とB様式という2種類の様式が採用されました。申告書A様式は、給与所得、雑所得（公的年金など）、配当所得、一時所得のいずれかの所得のみ発生した方が使用できる様式です。一方で、申告書B様式は所得の種類にかかわらず、誰でも使用できる様式です。収入が給与や年金のみである場合は、申告書A様式を使用すれば問題ありません。不動産所得や事業所得がある場合は、申告書B様式を使用することになります。

● 申告書の作成に必要な書類を集める

　確定申告書の記載例を見ながら申告書作成の手順を確認していきましょう。

　まず、必要な書類を一通り準備します。一般的には、①青色申告決算書または収支内訳書（貸借対照表と損益計算書、本例では不要）、②医療費の領収書、③社会保険料の金額が確認できるもの（国民健康保険の支払通知書と領収書、国民年金の領収書）、④小規模企業共済等の控除証明書、⑤生命保険料控除証明書、⑥地震保険料控除証明書などがあります。これらの各書類については、申告書に添付（または貼付）して税務署に提出することになります（年末調整をしている場合、③、④、⑤、⑥は不要）。

第4章　税金の計算方法と申告手続き

なお、医療費領収書は自分できちんと整理して合計金額を計算する必要があります。税務署には医療費領収書用の専用封筒が用意してありますので、それを使う方が便利です。専用封筒の表面は医療費の明細書（医療費の内訳などを記載する欄）になっていますので、領収書の金額などを記載します。

● 申告書は第二表から書く

　使用する申告書は申告書Aまたは申告書Bのいずれかです。なお、172〜173ページの設例では、給与所得と公的年金等の2つの所得があるケースとして、申告書Aで見ていきます。申告書を書くときは、まず第二表から記入します。第二表は以下の①〜⑤の順で上から記載していきます。

① 　住所、氏名などを記載します。
② 　所得の内訳を記載します。この欄は事業所得などのほかに給与所得や配当所得などのように源泉徴収される所得がある場合に記載します。該当する所得がない場合は、空欄のままにしておきます。
③ 　雑所得（公的年金等以外）・配当所得・一時所得に関する事項は、配当所得などがある場合に記載します。本例では空欄となります。
④ 　住民税に関する事項について記載します。確定申告書を提出した場合、住民税の申告は原則として不要になります。ただ、確定申告書の住民税の欄に記載された事項については、取扱いが異なるため該当項目を記載します。
⑤ 　所得から差し引かれる金額に関する事項は、172〜173ページの控除項目の該当するところだけ記載します。第二表に書くのは実際に支払った金額ですが、第一表には控除額として計算した金額を記載します。そのため、第二表に医療費や生命保険料などの支払金額を記載したら、あらかじめ控除額がいくらになるか計算しておくようにします。年末調整を受けた場合は、源泉徴収票を提出（添付）

することになりますので、「源泉徴収票のとおり」と記載します。
　第二表の記載ができたら、第一表に移ります。まず、第一表に住所などをもれなく記載します。印は最後に押すようにします。第一表は収支内訳書や第二表などから数字を転記することになります。収入金額等・所得金額・所得から差し引かれる金額の欄に金額を記入し、それぞれ合計を求めます。申告書の㉑以下は申告書の指示に沿って計算していけば税額が出ます。2,610,000円の所得金額に税率を掛け控除額を差し引いた金額（本例では税率10％、控除額97,500円）が所得税額163,500円です。その所得税額に復興特別所得税額（所得税額の2.1％）を足し合わせた金額166,933円から源泉徴収税額135,100円を差し引いた金額が、31,800円の申告納税額になります（納める場合は、百円未満は切捨て）。税金を納める場合は（納める税金）の欄に、還付される場合は（還付される税金）の欄に記入します。
　なお、還付される税金がある場合は、銀行などの口座番号その他について正確に記載します。

■ 使用する申告書の種類

使用する申告書	区　　分	該　当　者
申告書A	給与所得	パートタイマーなどで年末調整を受けていない人
	雑所得（公的年金等・その他）	住宅控除を受ける人
	配当所得	医療費控除を受ける人
	一時所得	公的年金所得がある人
申告書B	申告書Aに記載の所得	A以外の人
	事業所得	
	不動産所得	
	利子所得	
	譲渡所得（総合課税）	
申告書Bと分離課税用	分離課税所得	土地、建物の売却による所得がある人 退職所得 株式売却所得（申告分離）のある人
申告書Bと損失申告用	所得が赤字の人	所得金額が赤字となる人など

第4章　税金の計算方法と申告手続き

書式　確定申告書A（第一表）

税務署長: 品川
提出日: 28年2月22日
申告書: 平成27年分の所得税及び復興特別所得税の確定申告書A
整理番号: FA0111

住所: 〒140-○○○○　東京都品川区○○ 1-1-1
平成年1月1日の住所: 同上

フリガナ: シナガワ　ユウタ
氏名: 品川 雄太 ㊞
性別: 男
世帯主の氏名: 品川 雄太
世帯主との続柄: 本人
生年月日: 3 32.10.14
電話番号: 自宅　03-△△△△-△△△△

収入金額等
給与	㋐	1,615,000
雑（公的年金等）	㋑	3,516,000
雑（その他）	㋒	
配当	㋓	
一時	㋔	

所得金額
給与	①	965,000
雑	②	2,262,000
配当	③	
一時	④	
合計（①+②+③+④）	⑤	3,227,000

所得から差し引かれる金額
社会保険料控除	⑥	198,600
小規模企業共済等掛金控除	⑦	
生命保険料控除	⑧	27,500
地震保険料控除	⑨	
寡婦、寡夫控除	⑩	0,000
勤労学生、障害者控除	⑪	
配偶者（特別）控除	⑫	380,000
扶養控除	⑭	0,000
基礎控除	⑮	0,000
⑥から⑮までの計	⑯	
雑損控除	⑰	
医療費控除	⑱	10,500
寄附金控除	⑲	
合計（⑯+⑰+⑱+⑲）	⑳	616,600

税金の計算
課税される所得金額（⑤−⑳）	㉑	2,610,000
上の㉑に対する税額	㉒	163,500
配当控除	㉓	
（特定増改築等）住宅借入金等特別控除	㉔	
政党等寄附金等特別控除	㉕〜㉗	
住宅耐震改修特別控除等		
差引所得税額	㉜	163,500
災害減免額	㉝	
再差引所得税額（基準所得税額）（㉜−㉝）	㉞	163,500
復興特別所得税額（㉞×2.1%）	㉟	3,433
所得税及び復興特別所得税の額（㉞+㉟）	㊱	166,933
外国税額控除	㊲	
所得税及び復興特別所得税の源泉徴収税額	㊳	135,100
所得税及び復興特別所得税の納める税金	㊴	31,800
還付される税金	㊵	

その他
配偶者の合計所得金額	㊶	
雑所得・一時所得等の所得税及び復興特別所得税の源泉徴収税額の合計額	㊷	76,500
未納付の所得税及び復興特別所得税の源泉徴収税額	㊸	

延納の届出
申告期限までに納付する金額	㊹	0,0
延納届出額	㊺	0,00

※ 復興特別所得税額㉟欄の記入をお忘れなく。

172

書式　確定申告書A（第二表）

平成 27 年分の所得税及び復興特別所得税の確定申告書A

住所：東京都品川区○○ 1-1-1
フリガナ：シナガワ　ユウタ
氏名：品川 雄太

○ 所得の内訳（所得税及び復興特別所得税の源泉徴収税額）

所得の種類	種目・所得の生ずる場所又は給与などの支払者の氏名・名称	収入金額	所得税及び復興特別所得税の源泉徴収税額
雑	○○年金　△△組合	2,700,000	76,500
雑	国民年金　厚生労働省	816,000	0
給与	給与　株式会社○○	1,615,000	58,600

所得税及び復興特別所得税の源泉徴収税額の合計　135,100

○ 雑所得（公的年金等以外）・配当所得・一時所得に関する事項

所得の種類	種目・所得の生ずる場所	収入金額	必要経費等

○ 住民税に関する事項

16歳未満の扶養親族	扶養親族の氏名	続柄	生年月日	別居の場合の住所

給与・公的年金等に係る以外（平成28年4月1日において65歳未満の方は給与所得以外）の所得に係る住民税の徴収方法の選択　□給与から差引き　□自分で納付
配当に関する住民税の特例
非居住者の特例
配当割額控除額
寄附金税額控除　都道府県、市区町村分／住所地の共同募金会、日赤支部分／条例指定分　都道府県／市区町村
別居の控除対象配偶者・控除対象扶養親族の氏名・住所

○ 所得から差し引かれる金額に関する事項

⑥社会保険料控除

社会保険の種類	支払保険料
源泉徴収票のとおり	198,600
合計	198,600

⑦小規模企業共済等掛金控除

掛金の種類	支払掛金
合計	

⑧生命保険料控除

新生命保険料の計		旧生命保険料の計	30,000
新個人年金保険料の計		旧個人年金保険料の計	
介護医療保険料の計			

⑨地震保険料控除

| 地震保険料の計 | | 旧長期損害保険料の計 | |

⑩本人該当事項
□寡婦（寡夫）控除　□死別　□生死不明　□離婚　□未帰還
□勤労学生控除　学校名

⑪障害者　氏名

⑫～⑬配偶者・特別控除・扶養控除

配偶者の氏名	生年月日	☑配偶者控除 □配偶者特別控除
品川雅子	昭 23・9・5	

控除対象扶養親族の氏名	続柄	生年月日	控除額
		明・大 昭・平 ・ ・	万円
		明・大 昭・平 ・ ・	
		明・大 昭・平 ・ ・	

⑭扶養控除額の合計　万円

⑰雑損控除

損害の原因	損害年月日	損害を受けた資産の種類など
損害金額	保険金などで補填される金額	差引損失額のうち災害関連支出の金額

⑱医療費控除
支払医療費　150,000　保険金などで補填される金額　39,500

⑲寄附金控除
寄附先の所在地・名称　　寄附金

○ 特例適用条文等

Column

個人事業主と法人のどちらで開業するか

　退職後、独立開業を検討する人もいると思います。個人事業主と法人のどちらで開業するかは悩ましい問題です。法人の設立自体に、多額の費用は必要になりません。また、取引先や金融機関への信用力は、個人事業主であるよりも法人である方が、一般的には高く見られます。しかし、設立手続きは法人の方が煩雑です。

　では、税金対策といった観点からはどうでしょうか。事業によって得た利益に対して課される税金は、法人であれば法人税、個人事業主であれば所得税です。法人税と所得税は計算方法が異なりますが、決定的に違うのは税率です。法人税の税率はいくら利益が出ても一定です。それに対して所得税の税率は累進課税といって、利益を得ればそれだけ高い税率が課されます。所得税に関しては平成27年からは最高税率が引き上げられています。こういった点で事業からの所得がある水準を超える場合、法人の方が税金対策上有利です。ある水準とは、所得にして700万円というのが一般的なボーダーラインです。

　なお、消費税については個人事業主と法人のどちらで開業しても、原則として2年間は免税されます。仮に個人事業主で開業し、2年後に法人化すると、法人化後の2年は原則として免税されます。こうした観点から、個人事業主として開業し、その後法人化するのが税金対策上は有利です。ただし2年間の免税については例外があり、開業もしくは法人化した年の開始以後6か月間（個人事業主の場合は、開業した日からその年の6月30日までの期間）の課税売上高が1000万円を超えてしまうと、2年目は課税事業者となるため、注意が必要です。

　開業する際には、事業でいったいどれだけの所得が得られるかを明確に計算することはできません。そこでまずは個人事業主として開業し、事業が軌道に乗って所得が700万円を超える、もしくは超えそうであれば法人化を検討する、という進め方がベターでしょう。

第5章

介護サービスのしくみ

1 介護保険のサービスを利用できる人について知っておこう

65歳以上の人はすべて介護保険サービスの対象となる

● 第1号被保険者とは

　介護保険の被保険者には、第1号被保険者と第2号被保険者があります。

　65歳以上の人は、第1号被保険者となります。第1号被保険者は、自分の住んでいる市区町村が定めている保険料を納めます。一定以上の年金を受給している人はその年金から保険料が天引きされ、一定金額以下の年金受給者は、直接市区町村に保険料を納めることになります。以前は勤め先の会社の給与から介護保険料の天引きが行われていた人の場合でも、65歳を迎えて第1号被保険者となった場合は、天引きが停止されます。なお、第1号被保険者が納める保険料は、各市区町村が所得に応じて段階的に設定した金額で、定額制です。第1号被保険者で介護保険の給付を受けることができるのは、要介護や要支援の認定を受けた人です。

　また、40～64歳の間に生活保護を受給していた場合も、65歳になると介護保険制度の第1号被保険者となります。保険料は生活保護の生活扶助から支払われ、実際に介護サービスを受ける場合には、介護保険制度の給付を受けることになります。

● 第2号被保険者とは

　一方、第2号被保険者には、40～64歳で医療保険に加入している人とその被扶養者がなります。医療保険に加入している人やその被扶養者が40歳になると、自分の住んでいる市区町村の第2被保険者となります。第2号被保険者は、第1号被保険者とは異なり、自分の加入す

る医療保険料の徴収時に介護保険料の分を上乗せされて徴収されます。

この場合の介護保険料の負担部分は、医療保険料と同じく雇用者側との折半です。ただし、医療保険の被扶養者も40歳以上になると第2号被保険者となりますが、介護保険料の負担はありません。第2号被保険者で介護保険の給付を受けることができるのは、第1号被保険者とは異なり、特定疾病によって介護や支援が必要となった場合に限られます。

なお、介護保険の被保険者には被保険者証が発行されますが、第1号被保険者と第2号被保険者で発行の条件が異なります。第1号被保険者の場合はすべての被保険者が対象で、市区町村から郵送されます。第2号被保険者の場合は、要介護・要支援の認定を受けた人と、被保険者証の交付申請をした人に対してのみ、市区町村から発行されます。

■ 第1号被保険者と第2号被保険者の特色

	第1号被保険者	第2号被保険者
対象者	65歳以上の人	40～64歳の医療保険加入者とその被扶養者
介護保険サービスを利用できる人	要介護・要支援認定を受けた人	特定疾病によって要介護・要支援状態になった人
保険料を徴収する機関	市区町村	医療保険者
保険料の納付方法	年金額が 一定以上：特別徴収 一定以下：普通徴収	介護保険料を上乗せされた状態の医療保険に納付
保険料の金額の定め方	所得段階で分けられた定額保険料 （市区町村が設定）	〈各医療保険〉 　標準報酬 × 介護保険料率 〈国民健康保険〉 　所得割・均等割等の 　人数費による按分

2 介護保険のサービスを利用できる対象はどんな人なのか

要支援あるいは要介護の認定を受けた人が利用できる

● どんな場合にサービスを受給できるのか

　介護保険は、要支援または要介護の認定を受けた人への給付制度です。要支援状態であれば要支援者、要介護状態であれば要介護者です。
　要支援状態とは、社会的支援を必要とする状態のことで、具体的には、日常生活を送る上で必要となる基本的な動作をとる際に、見守りや手助けなどを必要とする状態のことです。要支援状態は要介護に比べ軽度な状態をいい、該当した場合は状態の改善もしくは要介護状態への悪化を防止するため、介護予防に関する給付サービスを受けることができます。一方、**要介護状態**とは、要支援状態より重く、日常生活を送る上で必要となる基本的な動作をとるときに介護を必要とする状態です。要介護認定を受けた場合には介護給付を受けることができます。

● 認知症高齢者の日常生活自立度

　認知症高齢者の要支援・要介護状態の認定では、1次判定や2次判定の際の資料の1つとして、認知症高齢者の日常生活自立度という基準が用いられています。たとえば、何らかの認知症を有するが、日常生活は家庭内及び社会的にほぼ自立しているのであればランクⅠ、日常生活に支障をきたすような症状・行動や、意思疎通の困難さが頻繁に見られ、常時介護を要する状態であればランクⅣとなります。

● 要介護認定等基準時間とは

　要支援、要介護の判断の際に基準となる、介護や手助けに必要と

なる時間のことを**要介護認定等基準時間**といいます。要介護認定等基準時間は、実際に介護サービスを受けられる時間ではなく、要介護認定の1次判定で推計されます。

要介護認定等基準時間に算入される内容には、①直接生活介助、②間接生活介助、③問題行動関連介助、④機能訓練関連行為、⑤医療関連行為があります。①の直接生活介助とは、入浴や排せつ、食事の介護など、身体に直接ふれて行います。②の間接生活介助とは、衣服の洗濯や日用品の整理など、日常生活を送る上で必要とされる世話のことです。③の問題行動関連介助とは、徘徊や不潔行動といった行為への対応のことで、徘徊に対しては探索を行い、不潔行動に対しては後始末を行うという対応をとります。④の機能訓練関連行為とは、身体機能の訓練やその補助のことで、嚥下訓練（飲み込む訓練）の実施や歩行訓練の補助を行います。⑤の医療関連行為とは、呼吸管理や褥瘡処置（床ずれへの処置）の実施といった診療の補助を行うことです。

■ **非該当・要介護・要支援の内容**

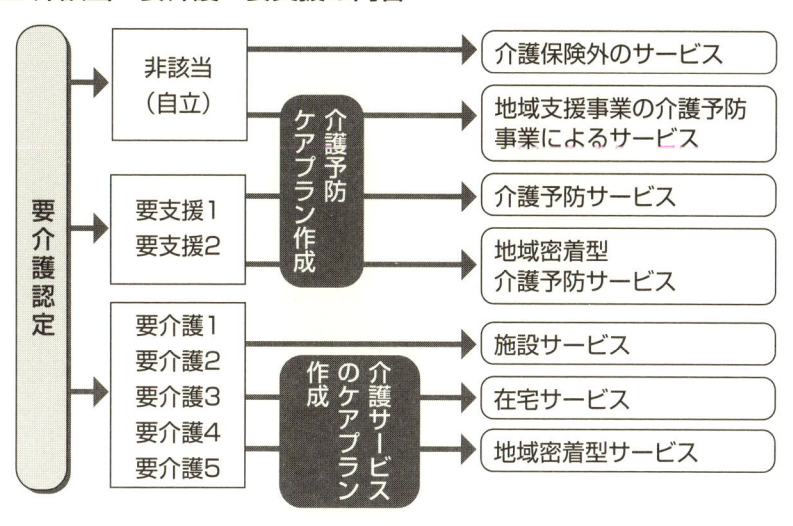

```
                 ┌─ 非該当   ─┐              ┌─ 介護保険外のサービス ─┐
                 │  （自立）   │              │                        │
                 └───────────┘ ├介護予防   ├ 地域支援事業の介護予防
要                              │ケアプラン │ 事業によるサービス
介               ┌─ 要支援1  ─┤作成       │
護               │  要支援2   │              ├ 介護予防サービス
認               └───────────┘              │
定                                             └ 地域密着型
                                                 介護予防サービス

                 ┌─ 要介護1  ─┐ ┌介護    ┌ 施設サービス
                 │  要介護2   │ │サー    │
                 │  要介護3   ├ │ビス   ├ 在宅サービス
                 │  要介護4   │ │のケア  │
                 │  要介護5   │ │プラン  └ 地域密着型サービス
                 └───────────┘ └作成
```

第5章 介護サービスのしくみ　179

3 要支援・要介護とはどんな状態をいうのか

介護が必要な経験に応じて分類される

● 要支援1～2、要介護1～5と判断される

　要介護認定等基準時間などに基づく、要支援1～2、要介護1～5の分類は次ページの図のとおりです。要介護度の区分は心身の状態が変化した場合、残りの有効期間にかかわらず、変更を申請することができます。審査・判定で要介護度が上がることもありますが、同じあるいは下がることもあります。

● 要支援2と要介護1

　要支援1は、介護保険を受けられる人の区分の中では一番軽い区分です。具体的な状態は、日常の基本動作のうち、食事や排泄などは概ね自分で行うことができ、立ち上がる時に手助けが必要になることがある状態です。

　要支援2と要介護1について、介護認定等基準時間はどちらも32分～50分です。要支援2の場合、1次判定では「要介護1相当」と判定されます。この「要介護1相当」と判定された申請者が、2次判定で「要支援2」と「要介護1」に振り分けられます。

　具体的には、要介護1相当の状態のうち、次に挙げる状態ではない申請者が要支援2の認定を受けます。
・病気やケガによって心身の状態が安定していない状態
・十分な説明を行っても、認知機能の障害や、思考や感情等の障害によって予防給付の利用に関して適切な理解が困難な状態
・その他の事柄によって予防給付を利用することが困難な状態
　上に挙げる状態の1つに当てはまる申請者は要介護1の認定を受

けます。つまり、認知症による問題行動がある場合や、認知症の症状が重い場合です。認知症の症状が重いために、排泄や清潔保持、衣服の着脱といった行為の一部に介助が必要となるため、要支援2より重い要介護1と判定されることになります。

■ **要支援・要介護状態** ……………………………………………

	要介護認定等基準時間
要支援1	25～32分未満の状態 25～32分未満に相当すると認められる状態
要支援2	32～50分未満の状態 32～50分未満に相当すると認められる状態
要介護1	32～50分未満の状態 32～50分未満に相当すると認められる状態 要支援2に比べ認知症の症状が重いために排泄や清潔保持、衣服の着脱といった行為の一部に介助が必要とされる
要介護2	50～70分未満の状態 50～70分未満に相当すると認められる状態 1日に1回は介護サービスが必要となる状態の人が認定される
要介護3	70～90分未満の状態 70～90分未満に相当すると認められる状態 1日に2回の介護サービスが必要になる程度の要介護状態
要介護4	90～110分未満の状態 90～110分未満に相当すると認められる状態 1日に2、3回の介護サービスが必要となる程度の要介護状態
要介護5	110分以上ある状態 110分以上に相当すると認められる状態 日常生活を送る上で必要な能力が全般的に著しく低下しており、1日に3、4回の介護サービスを受ける必要がある状態

※要介護認定等基準時間は、1日あたりに提供される介護サービス時間の合計がモデルとなっています。基準時間は1分間タイムスタディと呼ばれる方法で算出された時間をベースとしています。1分間タイムスタディとは、実際の介護福祉施設の職員と要介護者を48時間にわたって調査し、サービスの内容と提供にかかった時間を1分刻みに記録したデータを推計したものです。

4 65歳以上の人が支払う保険料のしくみについて知っておこう

低所得者に負担にならないよう、公平化が図られている

● 第1号被保険者の保険料のしくみ

　介護保険制度における第1号被保険者の具体的な保険料は、国が定めた算定方法によって算出された基準額に対して各市区町村が調整し、最終的な金額が決定されます。したがって、第1号被保険者の保険料は、市区町村によって異なります。また、第1号被保険者が全員同じ保険料を負担しているわけではなく、所得に応じて段階的に設定されている保険料を負担する方式となっています。

　第6期の介護保険料について、全国の市区町村の平均額は5,514円とされており、第5期（平成24年度～平成26年度）と比べると、550円程度高くなっています。

● 低所得者の第1号被保険者の保険料強化について

　今後さらに保険料が上がった場合、低所得者の負担が難しくなる可能性が高いようです。そのため、2015（平成27）年度の第6期から「世帯全員が市町村民税非課税」の人は、保険料が軽減されています。なお、「世帯全員が市町村民税非課税」とは、世帯における家族全員の所得が、各自治体における住民税の非課税区分に定められた所得以下である状態のことです。

　各市町村では、市町村民税の課税状況や所得金額に応じて、第1号被保険者を段階分けしています。基本は6段階で、市町村によっては比較的所得の多い第5・6段階を、さらに細かく段階分けしている所もあります。このうち保険料軽減の対象となる「世帯全員が市町村民税非課税」に当てはまるのは、第1段階～第3段階の人で、見直し

の内容は下図のとおりです。

低所得者の保険料を減らす一方で、高所得者には基準よりも多い金額の保険料を義務付けています。比較的高所得である第5段階の場合は基準額×1.25、さらに所得の多い第6段階の場合は基準額×1.5の保険料を支払います。個々の所得に応じて保険料を調整することで、費用負担の公平化を図っています。

また、保険料の徴収額以外に、その徴収方法もいくつかに分かれています。まず、「特別徴収」といって、年金から保険料が天引きされるケースです。受け取る年金が年額18万円以上の場合はこの方法で徴収されます。次に、「普通徴収」といって、市町村が直接、納入通知書を送付するケースです。年金の年額が18万円に満たない場合（老齢年金等の受給者）が対象となります。そして、生活保護を受給している被保険者には、保険料にあたる金額が生活扶助に加算して支給されます。場合によっては、福祉事務所などが代わりに支払うケースもあります。

所得に応じた保険料の設定や、徴収方法の区別により、低所得者の負担は軽減されます。

■ 第1号被保険者の保険料の見直し

	平成27年度の改正前の保険料		平成27年度からの保険料
第1段階	基準額×0.5	軽減強化！	基準額×0.3
第2段階	基準額×0.5		基準額×0.3
特例第3段階	基準額×0.75		基準額×0.5
第3段階	基準額×0.75		基準額×0.7

※ 第1段階：生活保護被保護者等
　第2段階：世帯全員が市町村民税非課税かつ本人年金収入等80万円以下等
　特例第3段階：世帯全員が非課税かつ本人年金収入等80万円超120万円以下
　第3段階：世帯全員が市町村民税非課税世帯で、第1段階、第2段階、特例第3段階にあたらない者

5 介護給付と予防給付について知っておこう

いずれも要支援認定者が受けることのできるサービスである

● 要支援者の利用できるサービス

　要支援認定を受けた人の場合には、要支援の状態から自立した生活ができるようにするために、あるいは要介護の状態にならないように予防するためにメニューが組まれます。要支援の認定を受けた人が受けられるサービスを**予防給付**といいます。

　予防給付は、介護が必要となる状態を予防するためのものですから、あらかじめ計画を立ててから提供されます。この計画を**予防プラン**といい、地域包括支援センターの職員またはその委託を受けた者が作成します。

　要支援の認定を受けた人が利用できるサービスは、在宅サービスと地域密着型サービスの一部で、施設サービスは利用できません。

　在宅サービスには、訪問・通所介護、訪問入浴介護、訪問看護、といったものがあります。予防給付の各メニューの内容は、要介護の人が受ける在宅サービスとほぼ同じですが、予防給付のサービスを利用できる場所は、通所サービスが中心になります。ただし、通所サービスを利用することが難しい場合には、訪問サービスが認められます。

　なお、要支援の人の状況が悪化して要介護の認定を受けた場合には、提供されるサービスは介護給付に変更されます。

　予防給付の多くのメニューには、介護予防という名称がついていますが、提供されるサービス内容は基本的には要介護者が受けるものとあまり違いはありません。ただ、そのサービスを提供する目的が要介護者の場合とは異なって、介護状態の予防と現状の改善に向けられています。

● 平成26年改正で予防給付の内容の見直しが行われた

　予防給付のうち、介護予防訪問介護と介護予防通所介護は、2017年（平成29）年度までに地域支援事業に移行します。この移行に伴い、サービス提供者とサービス内容が大きく変わります。まず、既存の訪問・通所介護事業者に加え、NPO、民間事業者、住民ボランティアも提供者になることができます。そして、身体介護、機能訓練を中心としていたサービス内容に、掃除、洗濯、ゴミ出しといった生活支援サービスが加わりました。サービスの提供者とその内容の多様化により、期待できるメリットとしては、多様なニーズにも対応できる点、住民主体の低廉な単価設定ができる点などが挙げられます。さらに、住民参加の地域に根ざした介護予防活動が可能なため、サービスの利用者は、扶助を通して地域とのつながりを維持することができます。

● 要介護者の利用できるサービス

　介護保険制度では、常に誰かの介護を必要とする状態にあると判断されると、要介護と認定されます。要介護の人は、在宅サービスと施設サービス、地域密着型サービスを利用することができます。

　要介護者のケアプランは、ケアマネジャーが作成します。介護給付にかかる費用のうち9割は介護保険でまかなわれますが、ホテルコスト（218ページ）については原則として自己負担とされています。これは在宅サービスでも施設サービスでも同じです。施設を利用する場合には、従来のケアマネジャーから施設のケアマネジャーに代わり、施設のケアマネジャーが施設サービス計画の作成を行います。

　予防給付サービスはいずれのサービスも原則として要介護者と同様の内容ですが、その目的は介護予防となっているため、要支援の状況が改善されたかどうか、結果が求められ、評価されるしくみになっています。介護給付と予防給付で提供されるサービスは図（次ページ）のとおりです。

■ 予防給付と介護給付の種類

（予防給付）

	メニュー	
在宅サービス	介護予防訪問介護 介護予防訪問看護 介護予防居宅療養管理指導 介護予防通所リハビリテーション 介護予防特定施設入居者生活介護 特定介護予防福祉用具購入費支給 住宅改修	介護予防訪問入浴介護 介護予防訪問リハビリテーション 介護予防通所介護 介護予防短期入所生活介護 介護予防短期入所療養介護 介護予防福祉用具貸与
施設サービス	給付なし	
地域密着型	介護予防認知症対応型共同生活介護 介護予防認知症対応型通所介護 介護予防小規模多機能型居宅介護	
ケアプラン	介護予防支援（予防プランの作成）	

（介護給付）

	メニュー	
在宅サービス	訪問介護 訪問看護 居宅療養管理指導 通所リハビリテーション 短期入所療養介護 福祉用具貸与・特定福祉用具購入費支給 住宅改修	訪問入浴介護 訪問リハビリテーション 通所介護 短期入所生活介護 特定施設入居者生活介護
施設サービス	指定介護老人福祉施設 指定介護療養型医療施設	介護老人保健施設
地域密着型	夜間対応型訪問介護 認知症対応型共同生活介護 地域密着型介護老人福祉施設入所者生活介護 地域密着型特定施設入居者生活介護 小規模多機能型居宅介護 定期巡回・随時対応型訪問介護看護 複合型サービス	認知症対応型通所介護
ケアプラン	居宅介護支援（ケアプランの作成）	

※平成26年6月に成立した医療介護総合確保推進法により、介護予防訪問介護と介護予防通所介護は平成29年度末までに地域支援事業へ移行予定

6 ケアプランを作成するサービスについて知っておこう

ケアマネジャーに作成を依頼することができる

● 居宅介護支援とは

　居宅介護支援とは、介護サービスの利用にあたり、利用者、家族、行政、医療機関などから情報を収集し、認定を受けた利用者の「ケアプラン」を作成する制度のことです。

　この制度は、おもに介護保険制度への理解が不十分な人や事業者との連絡調整が難しい人、自分でケアプランが作れない人などの利用が想定されています。

　このサービスの担い手は「ケアマネジャー」で、介護支援専門員とも呼ばれます。ケアマネジャーのおもな業務は、利用者のためのケアプランを作成し、公平中立の立場で利用者と事業者との間の連絡調整を行うことです。

　さらに、ケアプラン実行後は、その実施状況をチェックするために利用者宅を訪問します。中には、ベテランスタッフを配置して虐待などが絡んだ複雑な案件を積極的に引き受けたり、24時間の電話対応を実施することを売りにしているところもあります。

　なお、保険料の滞納などがない限り、居宅介護支援を受けた場合の利用料は、介護保険から全額支払われます。

● 介護予防支援とは

　介護予防支援とは、要支援者を対象に、利用者と事業者間の連絡調整や介護予防ケアプラン作成を行うサービスです。

　居宅介護支援を要支援者向けにしたものというイメージですが、介護予防支援の場合は、おもにケアプランを作成するのは地域包括支

援センターです。

　ただし、介護予防ケアプランの作成業務の一部がケアマネジャーに委託されることもあります。

● ケアプランとは何か

　ケアプランとは、要支援者や要介護者の心身の状況や生活環境などを基に、利用する介護サービスの内容などを決める計画のことです。在宅サービスについてのケアプランを「居宅サービス計画」といい、施設サービスの場合には「施設サービス計画」といいます。

　ケアプランは、たとえば「月曜日の15時～16時に訪問介護のサービスを受ける」というように、1週間単位でスケジュールが組まれるものです。そのため、サービスの種類と提供を受ける日時については1週間単位となりますが、実際に要介護者や要支援者の行動予定を考える際に基準となる時間については、1日24時間単位で詳細にわたり考えられることになります。

● ケアプランの種類

　要支援認定を受けた人がサービスを受けるために立てるプランを介護予防ケアプランといいます。要支援者への介護予防のケアマネジメントを担当するのは地域包括支援センターで、プラン作成を担当するのは、支援センターの保健師などです。

　また、要介護認定を受けた人向けのプランには、居宅サービス計画と施設サービス計画があります。居宅サービス計画は、在宅でサービスを受ける場合のプランです。施設に入所してサービスの提供を受ける場合のプランを施設サービス計画といいます。

　なお、要介護者向けのケアプランは、利用者のニーズによってスケジュールの内容が異なります。おもなモデルとして、①通所型、②訪問型、③医療型などがあります。

7 自宅で受けることができるサービスについて知っておこう

訪問介護員による介護や入浴、リハビリ、療養管理指導などがある

● 訪問介護とは

　訪問介護とは、支援を必要とする高齢者の自宅に訪問介護員（ホームヘルパー）が訪問し、必要なサービスを提供することで、身体介護と生活援助の2種類があります。

　身体介護とは、食事の介助や排せつの介助、入浴、清拭、衣服の着脱、移動介助、車いす介助など、身体にかかわるサービスをいいます。一方、生活援助とは、掃除や洗濯、買い物、食事の準備など、日常生活に必要なサービスをいいます。

　訪問介護における介護サービスは、介護を必要とする高齢者が在宅で生活をするにあたりできない部分を補うために提供されます。したがって、たとえば高齢者本人の食事は作っても、遊びに来た家族の食事は作らないなど、ケアマネジャーが決めた計画内容から外れるサービスの提供は行われません。

　なお、訪問型のサービスには「訪問入浴介護」などもあります。これは、数人の介護者、看護師などが浴槽を持ち込んで行う、入浴サービスの提供のことです。看護の資格を持つ職員が帯同しており、入浴前に健康状態を確認してもらうことができるため、在宅で重度介護者の介護を行う家族も安心してサービスを受けることができます。

● 介護予防訪問介護とは

　要支援の人を対象とした訪問介護のことです。サービスの内容そのものは訪問介護とほとんど同じであるものの、「自分でできることは、できるだけ自分でやってもらう」という自立を促す支援である点

に相違点があります。たとえば、食事の支度について、「味付けはできるが、包丁を使うのは危ないから無理」というケースでは、ヘルパーは包丁を使う作業だけを行うことになります。

なお、要支援者を対象とした入浴サービスである**介護予防訪問入浴介護**もあり、訪問入浴介護との違いは、利用できる場合が制限されていることが訪問入浴介護とは異なります。

具体的には、自宅に浴槽がない場合と、感染症のおそれがあって施設の浴槽が使えない場合のみ利用できます。訪問入浴介護は、寝たきりなどの理由で、一般家庭の浴槽では入浴が困難な人を想定したサービスです。そのため、要介護度4、5の人がサービス利用者の大半を占めており、要支援者が訪問入浴介護を利用するケースはそれほど多くはないようです。

◉ 訪問看護とは

日常生活や移動の支援などについては、訪問介護員のサービスを受けることである程度不足を補うことができますが、心身に病気やケガを持つ人の場合、訪問介護員のサービスだけで在宅生活を維持するのが難しいことがあります。訪問介護員には、注射や傷の手当といった医学的なケアをすることができないためです。

そこで、重要になるのが**訪問看護サービス**の存在です。訪問看護は、医師の指示を受けた看護師や保健師などの医療従事者が行うサービスのことで、おもな業務内容には、血圧測定や体温測定などによる状態観察、食事、排せつ、入浴などの日常生活のケア、服薬管理、褥瘡処置などの医療処置などが挙げられます。その他、利用者の家族への介護支援や相談対応、ガン末期や終末期におけるターミナルケアなども行っています。

訪問看護サービスを行う事業所は、訪問看護ステーションと病院・診療所の2種類があります。どちらの場合にもサービスを利用する際

には、主治医の訪問指示書が必要です。

　一方、要支援者を対象とした訪問看護のことを介護予防訪問看護といいます。要支援者の自宅に看護師などが出向いて療養上の世話を行ったり診療を補助するサービスのことで、サービス内容や介護報酬は、訪問看護と同じです。

● 訪問リハビリテーションとは

　骨折や脳血管性疾患などにより身体機能が低下した場合に、その機能の維持・回復を図るためにはリハビリテーションが有効です。しかし、リハビリのためにたびたび通院・通所することができず、自宅で家族などがリハビリをするのも難しいという場合もあります。

　このような場合には、**訪問リハビリテーション**を活用することが有効です。医師の指示に基づいて理学療法士や作業療法士、言語聴覚士が利用者の自宅を訪問し、理学療法や作業療法、言語聴覚の訓練を

■ 要介護者が利用できる訪問サービス

訪問介護	別名ホームヘルプサービス ホームヘルパーが要介護者の自宅に出向く 要介護者の身体介護・生活援助・相談・助言
訪問入浴介護	入浴車で要介護者の自宅に出向く 入浴車にて入浴の介護を行う
訪問看護	病状は安定しているものの日常生活を送るには支障がある人が対象 要介護者の自宅に看護師などが出向く 看護師などが主治医の判断に基づいて医療的な看護を提供する
訪問リハビリテーション	理学療法士・作業療法士が要介護者の自宅に出向く 要介護者の心身機能の維持回復、自立の手助けが目的 理学療法・作業療法などによるリハビリテーションを行う
居宅療養管理指導	退院した要介護者の自宅に医療や栄養学の専門家が出向く 専門家は医師・歯科医師・薬剤師・管理栄養士・歯科衛生士など サービス内容は療養上の管理・指導・助言

第5章　介護サービスのしくみ

受けることができます。また、要支援者が受けられるサービスに介護予防訪問リハビリテーションがあります。受けられるサービス内容や介護報酬は訪問リハビリテーションと同じです。

　リハビリテーションは、急性期リハビリテーション、回復期リハビリテーション、維持期リハビリテーションに分けられ、このうち維持期リハビリテーションが介護保険の対象になります。具体的には、歩けない人のリハビリは寝たきりを防ぐために、寝返り、起き上がり、立ち上がりなどの関節可動域訓練や筋力増強訓練などを行います。また、車いすのための自宅の環境整備も同時に行います。歩ける人に対するリハビリは、介助を受ければ歩ける人、屋内では介助なしで歩ける人など、対象に応じた方法でおもに歩行訓練を行います。

● 居宅療養管理指導とは

　本来であれば通院して療養すべきところが、さまざまな事情で思うように通院できない状況にあるような在宅で生活する要介護者は**居宅療養管理指導**を受けることができます。本人はもちろん、介護する家族の負担や不安も大きいため、介護保険を使い、医師や歯科医師の指示を受けた薬剤師や管理栄養士、歯科衛生士、保健師、看護師などの専門職が療養に関する管理、指導などを受けることができます。

　居宅管理指導が認められる利用者には、糖尿病や心臓病など継続して治療や栄養管理などを受けることが必要な人、酸素吸入や呼吸器の管理を必要とする人、口腔内に虫歯や歯槽膿漏などの問題をかかえている人などが挙げられます。

　一方、要支援者を対象とした居宅療養管理指導のことを**介護予防居宅療養管理指導**といいます。介護予防居宅療養管理指導は、要支援者の自宅に医師や歯科医などの専門家が訪問し、介護サービスを受ける上での注意や管理についての指導を行うものです。サービス内容、介護報酬は、居宅療養管理指導と同じです。

8 通所で利用するサービスについて知っておこう

高齢者の社交性を高め、介護者のリフレッシュ効果もある

● 通所介護とは

　24時間365日続く在宅介護において、家族の身体的、精神的負担は計り知れず、場合によっては高齢者虐待や介護者の自殺など、痛ましい事件につながることもあります。

　このような場合、**通所介護**を利用することが効果的です。通所介護は一般的に**デイサービス**と呼ばれ、在宅介護を必要とする人に広く利用されています。サービスの内容は地域や施設によって異なりますが、概ね自宅から施設までの送迎、食事や入浴、排せつなどの介助、レクリエーションの実施といった内容が提供されています。

　通所介護には、利用者の栄養管理や清潔維持につながる利点があります。また、閉じこもりがちな高齢者が社会とつながり、社交性を高めるなどの効果が期待できます。さらに、利用者が通所介護に出かける間、介護者は心身リフレッシュのための休養を取ることができます。

● 介護予防通所介護とはどんなサービスなのか

　介護予防通所介護とは、通所介護で提供される食事、入浴、排せつなどの日常生活支援に加え、運動機能の向上、栄養改善、口腔機能の向上など、要介護状態に陥らないようにするための支援を受けることができるサービスです。介護認定で要支援1、2と判定された人が予防プランを基に利用し、「一人で買い物に行けるようになる」などの目標と期間を定め、理学療法士や管理栄養士など専門家の指導によって体操などのサービス提供を受けます。ただし、介護予防通所介護の場合、1つの事業所を選択する必要があり、複数利用はできません。

第5章　介護サービスのしくみ

● 小規模の通所介護サービス形態の変更について

　小規模の通所介護事業所の増加で利用者が増え、介護保険の財政問題が深刻化しました。また、経営の安定性・運営の透明性の確保やサービスの質といった問題も浮上したため、平成26年の法改正で、小規模の通所介護サービスの一部は市町村が指定・監督する地域密着型サービスに移行されることになりました。

　なお、地域密着型通所介護は平成28年4月創設予定で、市町村が監督することで経営の安定性・運営の透明性を確保し、質の高いサービス提供をめざしています。

● 通所リハビリテーションとは

　通所リハビリテーション（デイケアサービス）は、病気やケガなどで身体機能が低下した高齢者に継続的にリハビリテーションを施し、機能回復・維持を目的とした施設です。理学療法士や作業療法士といった専門家が配置され、医師の指示の下で個々の利用者に合ったリハビリメニューが組まれます。通所介護と同様、送迎から食事、入浴、排せつ介助といったサービスを提供している事業所の他、短時間でリハビリテーションの施術のみを行う事業所もあります。

● 介護予防通所リハビリテーションとは

　介護予防通所リハビリテーションとは、要支援者を対象とした通所リハビリテーションのことです。**デイケア**と呼ばれることがあります。すべての人に共通するリハビリテーション（日常生活の動作に必要な訓練）に加え、それぞれの希望や状態に合わせた選択的サービスを提供します。選択的サービスには、運動器機能向上、栄養改善、口腔機能改善があり、予防通所介護を幼稚だと敬遠する男性でも利用しやすいように配置されています。なお、日常生活支援の部分を省き、短時間でリハビリに特化したサービスの提供を行う場合も多くあります。

9 短期間だけ入所するサービスについて知っておこう

一時的に施設に受け入れ、日常生活の支援を行うサービス

● 短期入所生活介護、短期入所療養介護とは

　短期入所生活介護及び短期入所療養介護は、いわゆるショートステイと呼ばれるサービスです。介護が必要な高齢者を一時的に施設に受け入れ、前者の場合は食事や入浴、排せつ、就寝といった日常生活の支援を、後者の場合は医療的なケアを含めた日常生活の支援を行います。また、要支援者を対象とした短期入所生活介護のことを介護予防短期入所生活介護、要支援者を対象とした短期入所療養介護のことを介護予防短期入所療養介護といいます。サービス内容や介護報酬は、要介護者を対象とした短期入所生活介護、短期入所療養介護と同様です。

　短期入所サービスについての共通事項としては、適切な技術をもって介護を行うこと、職員以外の者による介護を利用者の負担によって受けさせてはならないこと、本人や他の利用者の生命・身体の保護など、緊急でやむを得ない場合を除いては身体の拘束などの行為を行わないことが挙げられます。

　ショートステイは、高齢者が自立した生活を送れるようにすることを目的としています。さらに、身体の自由がきかずに自宅に引きこもりがちの高齢者が社会と接する重要な機会を提供し、孤立感を軽減させることができます。

　また、短期入所サービスは、介護者の入院や出張、冠婚葬祭などのやむを得ない事情の他、単に「疲れたので一時的に介護から離れてリフレッシュしたい」「旅行に行きたい」といった内容でも、施設に不都合がなければサービスの利用が可能であるため、家族の介護負担を軽くするという効果もあります。

第5章　介護サービスのしくみ

10 有料老人ホームなどを利用するサービスについて知っておこう

施設サービス以外の場合でも要件に応じて適用が行われる

● **有料老人ホームは施設サービスではない**

　介護保険では、原則として施設に入所する場合には施設サービスとなります。施設サービスの利用は要介護者に限られており、要支援者が利用することはできません。

　ただ、一定の場合には施設に入所していても在宅サービスとして介護保険の適用を受けることができます。

　施設でサービスを受けながら在宅サービスとしての保険の適用を受けることができるのは、次のような場合です。

---

① 特別養護老人ホームや老人保健施設でショートステイという形式でサービスの提供を受ける場合
② 地域密着型サービスのうち、施設でサービスを受けられる場合
③ 有料老人ホームなどのケアつきの住宅のうち、特定施設として認められている施設に入居していてサービスの提供を受ける場合（特定施設入居者生活介護）

---

　③の特定施設には、有料老人ホームの他に、たとえば**ケアハウス**や**軽費老人ホーム**（A型・B型）などが認められています。軽費老人ホームは、家庭の事情などから自宅で生活することが難しい高齢者で身の回りのことは自分でできる人が低額で入居できる施設です。身寄りのない高齢者や、家庭の事情や経済状況から、家族と同居して生活することが難しい高齢者などが多く利用しています。

A型に入居できる対象者は、炊事についてはサービスの提供を受ける程度の健康状態にある人で、B型は、自炊できる程度の健康状態にある人を対象としています。

　軽費老人ホームの中でも介護利用型の施設にケアハウスがあります。身の回りのことは自分でできる健康状態にある高齢者のうち、自宅で生活することが難しい人が対象になります。軽費老人ホームは、A型・B型・ケアハウスといった類型に分かれていますが、将来的にはすべての類型がケアハウスに統一される予定です。

● 介護予防特定施設入居者生活介護

　要支援者を対象とする特定施設入居者生活介護のことを**介護予防特定施設入居者生活介護**といいます。介護保険に指定された施設を利用する高齢者に対し、日常生活における支援を行うサービスのことです。

■ 軽費老人ホームの種類と特徴

	入居条件 ※1	特徴 ※2
軽費老人ホームA型	部屋の掃除や洗濯などの身の回りのことは自分で行える状態	個室 食事など日常生活で必要なサービス提供あり
軽費老人ホームB型	身の回りのことも自炊もできる状態	個室・台所・トイレ
ケアハウス	身の回りのことを自分で行えるが自炊はできない状態、在宅での生活が困難な人	食事つきが原則で自炊も可

※1　どの類型でも60歳以上であることが必要だが、夫婦で入居する場合にはどちらか一方が60歳以上であれば可能
※2　どの類型でも、家賃に相当する分の利用料、日常生活上の経費は自己負担

● 有料老人ホームの利用形態

　有料老人ホームの利用形態は、さまざまな観点から分類することが可能です。

・**住宅型・健康型・介護つきという分類**

　まず、利用者が有料老人ホームに入居を望む目的から、住宅型・健康型・介護つきという分類をすることができます。「住宅型」とは、生活の場を求めると同時に、介護サービスを利用することを目的に有料老人ホームに入居する場合です。「健康型」とは、当分介護の必要がないと考えている利用者が、専ら住居の場を求めるために有料老人ホームに入居する場合です。「介護つき」では、施設あるいは外部の事業者による介護サービスを受けることができます。

・**入居要件からの分類**

　次に、入居要件からの分類として、利用者の身体的状況に応じて入居の可否が決定されることがあります。入居要件からの分類には、①自立型、②混合型、③介護専用型があります。①自立型とは、入居時に要介護や要支援状態にないことが入居要件になっている場合をいいます。②混合型とは、利用者が自立型のように健康な状態、または要介護・要支援の状態であっても入居可能であることをいいます。そして、③介護専用型とは、「入居要件として利用者が要介護認定1以上の状態でなければならない」と定められている場合や、「65歳以上」というように、利用者の年齢に制限を設けている場合を指します。

・**契約方式に従った分類**

　さらに、契約方式に従った分類もあります。一般的な賃貸型住宅と同様に、月額の利用料を支払い、介護等については別途契約が必要な方式を、建物賃貸借方式といいます。これに対して、建物賃貸借契約および終身建物賃貸借契約以外の契約の形態で、居室に住む権利と生活に必要な支援など、サービスの部分の契約が一体となっている利用権方式もあります。

● 有料老人ホームに入居する際に必要になる費用

　有料老人ホームに入居する際に必要になる費用として、おもに入居一時金と、月額利用料があります。その他に介護に必要な自己負担額や消耗品費、レクリエーションへの参加費等が必要です。

　入居一時金とは、施設に入居する権利を取得するための費用をいいます。金額や別途家賃の支払いが必要になるのかは施設ごとに異なり、また、短期で退所する場合には、一部返還される場合もあります。これに対して、月額利用額とは、一般の賃貸住宅の家賃に相当する金額を指し、一般に施設スタッフの人件費や、生活に必要な水道光熱費に充てられます。金額は施設ごとに、また地域によっても異なります。

● その他どんなトラブルが考えられるのか

　入居時に、トラブルが考えられるのは契約時です。実際に契約した後に、当初の説明と実際のサービスが大きく異なる場合等があります。

　契約時のトラブルを防ぐために、契約内容をしっかり理解して説明をよく聞き、わかりやすい契約書を作成して契約を行う必要があります。

■ 有料老人ホームにかかるおもな費用

項　目	費用の内容と注意点
入居申込金	部屋の予約の際に要求されることがあるが、不当に高額の場合には入居を再検討した方がよい。
入居一時金	家賃や共有部分の利用権を取得するための費用。1000万円を超えることもあるので途中で退去した場合の取扱いを聞いておくこと。
月額利用料	家賃・食費・管理費の3つをあわせたもの。光熱費や電話代の支払いが別途必要になるのかについて確認すること。
介護関連費用	介護保険の自己負担部分やオムツ代。介護保険のきかないサービスを受けた場合にはその費用。
個別のサービス料	老人ホーム内でのイベントやレクリエーションに参加する場合にかかる費用。

第5章　介護サービスのしくみ

11 福祉用具のレンタルや購入補助について知っておこう

要件に該当する要介護・要支援者がレンタル対象である

● 福祉用具を借りることができる

　要介護・要支援の認定を受けている人のうち一定の条件にあてはまる人は、福祉用具を借りることができます。要介護の人は、日常生活をしやすくしたり、機能訓練を行って日常生活の自立をめざす上での補助として、福祉用具を借りることができます。

　要支援者も用具を借りることができます。要介護者や要支援者が借りることのできる福祉用具は、車椅子、車椅子付属品、特殊寝台、特殊寝台付属品、褥瘡予防用具、体位変換器、手すり、スロープ、歩行器、歩行補助つえ、徘徊感知器、移動用リフトなどです。

　ただ、要介護1と要支援1・2の人が用具を借りる場合、表中①〜⑥、⑪、⑫の用具の貸出しについては、介護の程度が厚生労働大臣の定める一定の状態にあること、または医師の意見に基づいた判断、市町村が認めた場合なども利用可能です。表（次ページ）の⑬自動排泄処理装置を借りることができるのは、原則として要介護4・5の人となります。

● 福祉用具の購入補助

　用具の性質上、貸与するより購入した方がよいものもあります。

　誰かの使用後に別の誰かが使用するのは難しいような用具や、たとえば体格の差などの個人差によって、万人が使うことができないような用具です。

　介護保険制度では、購入した方がよい福祉用具を特定福祉用具と定めて、用具を貸し出す代わりに、その用具の購入金額を補助してい

ます。購入の補助は、要介護者・要支援者が先に福祉用具を自分で購入し、後からその金額を支給する方法がとられています。

　補助が受けられる特定福祉用具は、腰掛便座、特殊尿器、入浴補助用具、簡易浴槽、移動用リフトのつり具の部分です。特定福祉用具の購入費の支給上限は、年間10万円までとなっています。

■ 福祉用具と特定福祉用具

福祉用具

①**車椅子**
自走用標準型椅子・普通型電動車椅子・介助用標準型車椅子など

②**車椅子付属品**
クッション・電動補助装置など

③**特殊寝台**
介護用のベッドのことで、サイドレールが取りつけられているか取りつけ可能なもの

④**特殊寝台付属品**
手すり・テーブル・スライディングボード・スライディングマットなど

⑤**褥瘡（じょくそう）予防用具**
床ずれ防止用具のことで、送風装置・空気圧調整装置を備えた空気マットなど

⑥**体位変換器**
空気パッドなどを体の下に差し入れて体位変換をしやすくできる機能を持っているもの。休位を保持する目的しかないものは不可

⑦**手すり**
工事をせずに取りつけられるもの

⑧**スロープ**
段差解消目的のもので工事をせずに取りつけられるもの

⑨**歩行器**
二輪・三輪・四輪→体の前と左右を囲む取っ手などがついているもの。
四脚→腕で持ち続けて移動できるもの

⑩**歩行補助杖**
松葉杖・カナディアンクラッチ・ロフストランドクラッチ・多点杖など

⑪**徘徊感知器**
認知症用の徘徊センサーなどのことで、認知症の人が屋外に出ようとした時などに家族などに知らせる機器

⑫**移動用リフト**
段差解消機・風呂用のリフトなどのことで、つり具の部分は含まない。つり具は特定福祉用具となる

⑬**自動排泄処理装置**
排便などを自動的に吸収し、排便などの経路となる部分を分割することができるもの（交換可能部品を除く）

特定福祉用具

■**腰掛便座**
和式便器→上に置いて腰掛式にできるもの
洋式便器→上に置いて高さを調節するもの
便座から立ち上がるときに補助できる機能を持つもので電動式・スプリング式のもの
便座やバケツなど、移動できる便器など

■**特殊尿器**（自動排泄処理装置の交換可能部分）
排便などの経路となるもので簡単に交換できるもの

■**入浴補助用具**
シャワー椅子・入浴用の椅子・浴槽用の手すり・浴槽内で使う椅子・浴槽の縁にかけて使う入浴台・浴室内のスノコ・浴槽内のスノコなど

■**簡易浴槽**
取水や排水のための工事を必要としない簡易的な浴槽のことで、空気式や折りたたみ式など、簡単に移動できるもの

■**移動用リフトのつり具の部分**
風呂用のリフトのつり具も含まれる・移動用リフト自体は福祉用具として貸与の対象となる

12 住宅改修工事について知っておこう

要支援・要介護ともに、20万円までの補助を受けられる

● 住宅を改修することができる

　介護の必要上、住宅を改修したような場合に、費用の補助が受けられることがあります。費用の補助は、要支援でも要介護でも受けることができます。住宅改修の補助を受けるには、市区町村に対して事前に申請書を提出しなければなりません。支給基準限度額は要支援・要介護にかかわらず、定額の20万円までとなっています。

　具体的な改修例として、階段などに手すりをとりつける工事や、段差を解消する工事があります。手すりの設置と段差を解消する工事は、実際に行われている工事の大部分を占めています。住宅改修工事を行う際に付随して必要となる工事費についても、限度額の範囲内で支給の対象になります。

● 住宅改修工事の流れ

　住宅改修は次のような流れで行われます。
① **介護支援専門員（ケアマネジャー）に相談する**
　地域の在宅介護支援センターやふだん利用しているヘルパー事業所などで住宅改修についての相談をします。
② **保険者に対し、改修前の申請を行う**
　申請書の他、住宅改修が必要な理由を記載した理由書や工事費の見積書などを提出します。
③ **改修工事の実施**
　計画に沿った内容で住宅改修工事が着工、実施されます。
④ **正式な支給申請**

工事終了後に領収書や工事の完成後の状態を確認できる写真などの資料を提出します。

⑤　保険者による確認・住宅改修費の支給

②の書類と④の書類を確認し、必要と認められた工事に関して改修費が支給されます。

■ 住宅改修サービスの例

手すりの取りつけ	お風呂・トイレ・部屋・廊下・玄関
滑り防止・床材変更の工事	お風呂の滑り止め・玄関や廊下の床・和室の畳をフローリングに変える
段差解消	部屋と廊下の段差・廊下と玄関の段差・玄関の段差・廊下とトイレの段差・お風呂の出入り口の段差・浴室内の床上げ
ドアの取替え	トイレのドアを引き戸にする 部屋のドアを引き戸・折れ戸・アコーディオンカーテンにする
その他	廊下を車椅子が通れる幅にする 踏み台やスロープを設置する 和式トイレを洋式トイレに変更する

■ 住宅改修の手続きの流れとケアマネジャーの関わり

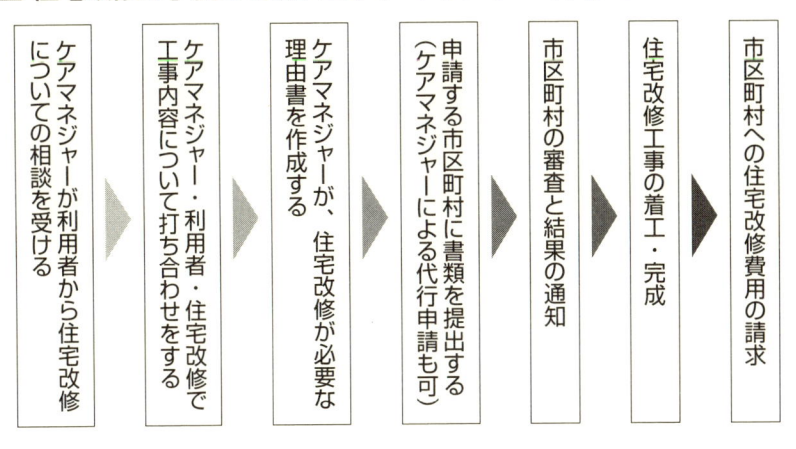

ケアマネジャーが利用者から住宅改修についての相談を受ける
→ ケアマネジャー・利用者・住宅改修で工事内容について打ち合わせをする
→ ケアマネジャーが、住宅改修が必要な理由書を作成する
→ 申請する市区町村に書類を提出する（ケアマネジャーによる代行申請も可）
→ 市区町村の審査と結果の通知
→ 住宅改修工事の着工・完成
→ 市区町村への住宅改修費用の請求

第5章　介護サービスのしくみ

13 施設に入所するサービスについて知っておこう

要介護者のみが利用できる3種類の介護保険施設がある

● 施設にはどんな種類があるのか

　介護保険施設は、在宅で介護を受けることができない状態（常時介護を要する場合・機能訓練などを受ける必要がある場合）に受けるサービスです。サービスを利用する場合、利用者の状況や環境を考慮した上で、適切な施設を選ぶ必要があります。ただし、利用可能となるのは要介護者のみで、要支援者は利用できません。

　介護保険施設には大きく分けると、次の3種類があります。
① 指定介護老人福祉施設（特別養護老人ホーム）
② 介護老人保健施設
③ 指定介護療養型医療施設

● 特別養護老人ホームとは

　施設サービスの中でも、とくに常時介護に重点を置くサービスが、特別養護老人ホームやケア（介護）つき有料老人ホームです。

　入所対象者は、寝たきりになっていたり認知症が進んでいる状況の人など、在宅で生活することが難しい状態にある人などです。なお、短期間だけ入所してサービスを受けるショートステイの場合を除き、要支援の人が予防給付としてサービスを受けることはできません。

　施設介護サービス計画（ケアプラン）が入所した要介護者ごとに立てられ、このプランに沿って介護保険給付の対象となるサービスが決定されます。具体的な内容は、入浴や食事、排泄、清拭や体位変換などの身の回りの世話をはじめとする日常生活上必要となる支援です。

　また、要介護状態を少しでも改善し、自立した生活ができるよう、

機能訓練や健康管理を受けることもできます。

　従来の特別養護老人ホームは約4～6名の相部屋が主流でしたが、最近ではプライバシーを重視したユニット型の個室も提供されるようになりました。ユニット型の個室の場合は、大人数の相部屋よりも料金は割高となるのが一般的です。

● 特別養護老人ホームに入所できる者の限定

　現在、特別養護老人ホームでは、重度者への重点化が進められ、入所者に対する基準が厳しくなっており、新規の入所者は原則「要介護3以上の高齢者」に限定されています。

　ただし、要介護1・2であっても、やむを得ない事情などがある場合は、特例的に入所が認められるケースもあります。

　入所を待っている要介護者全体に占める要介護3以上の人の割合は、以前と比べて非常に増えており、その中でも在宅の重度者に関する問題は非常に深刻化しています。

● 介護老人保健施設とは

　介護老人保健施設では、看護や医療的な管理下で介護サービスを提供することに重点を置いています。また、医療的な視野から介護サービスを提供する一方で、機能訓練なども行い、入所している要介護者が自宅で生活できる状況をめざしています。

　自宅で医療的な管理をすることができない状況で、入院する必要はないような場合、あるいは病院での治療が終わり、自宅で生活できるように機能訓練などを行ってから自宅に戻れるようにするために、老人保健施設に入所するのが適切な方法です。

　老人保健施設の場合は、介護を必要とする高齢者の自立を支援し、家庭への復帰をめざすために、常勤の医師による医学的管理の下、看護・介護といったケアや作業療法士や理学療法士等によるリハビリ

テーションが行われます。

また、栄養管理・食事・入浴などの日常サービスまで併せて計画し、利用者の状態や目標に合わせたケアサービスを、医師をはじめとする専門スタッフが行い、夜間のケア体制も整えられています。

特別養護老人ホームと比べると医療関係のサービスが多く、実際の人員も医療関係の職員が多く配置されているものの、入所期間については原則として3か月に限定されています。

● 指定介護療養型医療施設とは

指定介護療養型医療施設は、介護サービスも提供する医療施設です。通常の医療施設と比べると、介護関連の職員が多く配置されています。通常の病院の場合、手術や集中投薬などの治療を行った後、患者の状態が安定すると退院が求められます。すぐに自宅で生活ができる人であれば問題ありませんが、高齢者の中には、自立した日常生活を自宅で即時に行うのは難しい人もいます。

医療的な体制が整っていない介護施設に入所する場合、介護サービスの点では問題がない状態でも、医療的な看護を受けられないのでは不安が残ります。また、老人保健施設のように短期間集中して機能訓練等を受けることで自宅復帰が可能になるケースもありますが、長期間の療養が必要となるケースもあります。

こうした高齢者を対象としているのが、指定介護療養型医療施設です。指定介護療養型医療施設を利用できるのは要介護者のみで、要支援者は利用することはできません。

指定介護療養型医療施設に入院する際には、介護保険の適用を受ける場合と医療保険の適用を受ける場合があります。なお、指定介護療養型医療施設は、医療費の抑制・適正化のために、平成23年度末には廃止される予定でしたが、廃止時期が平成29年度末まで、先送りされることになりました。

14 高齢者向けの住宅に入居するという選択肢もある

サービス付き高齢者向け住宅が注目を集めている

● 高齢者向けの住宅

　特別養護老人ホームなどの介護施設や有料老人ホーム以外にも、高齢者の入居を想定したさまざまな住宅があります。サービス付き高齢者向け住宅、シルバーハウジング、グループリビング（グループハウス）などがその例です。

　サービス付き高齢者向け住宅とは、介護・医療と連携して高齢者を支援するサービスの提供が行われる住宅で、近年注目を集めています。また、**シルバーハウジング**とは、高齢者向けにバリアフリー設備を設けている公営の住宅をいいます。ライフサポートアドバイザーによる生活相談を受けることができるという特徴があります。そして、**グループリビング**（グループハウス）とは、高齢者が自発的に仲間を作って、同じ家でお互いに助け合って生活する暮らし方をいいます。食事の用意や掃除等を分担し、共同による合理的な生活様式を採用して、高齢者の自立を支援する目的があります。

● サービス付き高齢者向け住宅

　わが国では、現在高齢者が単身で暮らす世帯や、老夫婦2人のみが生活する世帯が増加しており、介護や孤独死などさまざまな社会問題を生んでいます。そこで、単身や老夫婦のみの高齢者の増加を考慮して、介護と医療を連携させて、サービスを提供することが可能な住宅を積極的に増加させていくことが課題になりました。それが、サービス付き高齢者向け住宅です。

　サービス付き高齢者向け住宅は、高齢者の生活を支援することが

第5章　介護サービスのしくみ

目的ですから、バリアフリー構造を採用した賃貸住宅（バリアフリー賃貸住宅）の形式が採られることが多くあります。そして、高齢者に対する見守りサービスや生活相談サービスを行っていることが要件とされています。

さらに、総合的に高齢者の生活を支えるという目的を果たすために、オプションサービスとして、食事のサービスが提供されています。あわせて、当該高齢者が、介護が必要な状態に至った場合にも、同じ住宅に居住していながら、適切な介護サービスを受けることができるように、外部の介護サービスを受けることができるという内容のサービスが、賃貸する住宅の標準オプションとして、追加されていることが多いようです。また、入居者への介護サービスについては、介護保険の24時間対応の定期巡回・随時対応型訪問介護看護（214ページ）を組み合わせたしくみの活用が期待されています。

なお、サービス付き高齢者向け住宅の入居条件は利用者と施設の契約で決められるので、入居契約（契約の内容でいうと賃貸借契約）で必要事項を確認することになります。後々のトラブル防止のため、契約の解除事由や更新拒絶事由を確認しておくことが大切です。

■ サービス付き高齢者向け住宅の要件

身体状況	自立　／　要支援　／　要介護		
付帯サービス	緊急時対応	食事（オプション）	
面積	25㎡以上		
主体	民間企業	社会福祉法人	医療法人
根拠法	高齢者すまい法		

15 地域密着型サービスとはどんなサービスなのか

高齢者が住み慣れた地域で生活を続けるためのサービスである

◉ 地域密着型サービスとはどんなサービスか

　地域密着型サービスとは、地域に住む要介護者・要支援者に向けて、市町村の指定を受けた事業者が提供するサービスです。地域密着型サービスの目的は、認知症の高齢者・一人暮らしの高齢者・支援を必要とする高齢者が住み慣れた地域で生活を続けられるようにする点にあります。

　もともとその地域（市区町村）に住む要介護者に向けて提供されるもので、認知症や一人暮らしの高齢者がなるべく住み慣れた地域で生活を続けることができるようにするために、さまざまなサービスを必要に応じて組み合わせることができるようになっています。

　地域密着型サービスには、①小規模多機能型居宅介護、②認知症対応型通所介護（デイサービス）、③認知症対応型共同生活介護（グループホーム）、④夜間対応型訪問介護、⑤地域密着型特定施設入居者生活介護（小規模の介護専用型有料老人ホームなど）、⑥地域密着型介護老人福祉施設入所者生活介護（小規模の特別養護老人ホーム）、⑦定期巡回・随時対応型訪問介護看護、⑧複合型サービス、の8種類があります。

　このうち、要支援者は、①小規模多機能型居宅介護、②認知症対応型通所介護、③認知症対応型共同生活介護（要支援2のみ）のサービスが利用できます。

◉ 地域密着型サービスに位置付けられる通所介護ができた

　平成26年の介護保険法の改正によって、これまで都道府県が指定

していた小規模の通所介護サービスは、①大規模型・通常規模型のサテライト型、②地域密着型通所介護、③小規模多機能型居宅介護のサテライト型の3つに細分化されました。

このうち、地域密着型通所介護と小規模多機能型居宅介護のサテライト型については、市町村が指定・監督する地域密着型サービスに移行しました。地域密着型通所介護とは、改正によって新設されたサービスで、利用者をデイサービスセンターに通わせ、当該施設において入浴、排せつ、食事などの介護その他の日常生活上の世話および機能訓練を行うサービスをいいます。

■ 地域密着型サービスの種類と特徴

種類	特徴
定期巡回・随時対応型訪問介護看護	訪問介護と訪問看護を密接に連携させながら24時間体制で短時間の定期巡回型訪問と随時の対応を一体的に行う
夜間対応型訪問介護	夜間に定期的に要介護者宅を訪れる巡回サービスを提供する
認知症対応型通所介護	認知症の人に対して、一定期間デイサービスセンターなどの施設でサービスを提供する
小規模多機能型居宅介護	24時間体制でさまざまな形態でサービスを提供（通いが中心、自宅への訪問・施設への宿泊も可能）
認知症対応型共同生活介護	認知症の人（要支援2以上）に対して入浴・排泄・食事の介護、日常生活上の支援を行う
地域密着型特定施設入居者生活介護	定員29人以下の有料老人ホームなどの入所者に対して入浴・排泄・食事の介護日常生活上の支援を行う
地域密着型介護老人福祉施設入所者生活介護	定員29人以下の特別養護老人ホームに入所する要介護者に対して入浴・排泄・食事の介護などを行う
複合型サービス	複合型事業所を創設し、1つの事業所から、さまざまなサービスが組み合わせて提供するサービス

16 地域密着型サービスの内容について知っておこう

夜間サービスや、症状に応じたサービス施設がある

● 小規模多機能型居宅介護とは

　小規模多機能型居宅介護とは、自宅で生活する要支援者・要介護者に対し、1つの事業所でデイサービスを中心としたサービスを提供し、希望者に対して随時訪問介護、ショートステイ（短期間宿泊）サービスを組み合わせて提供することです。

　一般の通所介護に比べ柔軟性があり、利用者やその家族のニーズに柔軟に対応できるよう、人員配置や設備等の基準が設定されています。希望すれば24時間、365日いつでもサービスを受けることができるという特徴があるため、利用料は月単位で決まり、利用回数や組合せにかかわらず料金は同じです。

　サービスを受けたい場合は、一般の訪問介護や通所介護と異なり、1か所の事業所とのみ契約します。つまり、小規模多機能型居宅介護の事業所に登録しながら、別のデイサービス事業所に通うことはできないためです。

　小規模多機能型居宅介護は今後の地域包括ケアシステムの中核的な拠点の1つとして期待されており、国は事業所のさらなる参入を促す予定です。また、経営の安定性の確保・サービスの質の向上を図るため、平成26年度の介護保険法改正で、小規模型通所介護事業所（前年度1月当たり平均利用延人数が300人以内の事業所）の一部が小規模多機能型居宅介護のサテライト型事業所として移行されました。

● 夜間対応型訪問介護とは

　夜間対応型訪問介護とは、自宅生活の要介護者を対象に、夜間の

巡回訪問サービスや入浴、排泄、食事などのサービスを提供することです。具体的には、オムツ交換や体位変換、またはオペレーションセンターが夜間の連絡に対する適切なサービス提供を行います。利用料については、月額の基本料と、提供されたサービスに応じた金額を支払う必要があり、オペレーションセンターの有無により区分されます。

● **地域密着型介護老人福祉施設入所者生活介護とは**

地域密着型介護老人福祉施設入所者生活介護とは、定員が29人以下の小規模な特別養護老人ホームのことで、既存の特別養護老人ホームの近くに作られ、セットで運営されているケースもあります。

医療行為は行われず、入浴、排せつ、食事などの日常生活の世話を中心としたさまざまなサービスや、機能訓練、健康管理、療養上の世話などが提供されます。少人数制で家庭的な雰囲気があり、地域や家庭とのつながりを重視しています。このサービスは、①当該市区町村の住民である、② 要介護1以上の認定を受けている、③心身に著しい障害があるため常時介護が必要である、④ 在宅介護が困難である、という要件をすべて満たす場合に利用できます。

● **地域密着型特定施設入居者生活介護とは**

地域密着型特定施設入居者生活介護とは、定員29名以下の少人数制の有料老人ホームやケアハウスなどで提供される介護保険サービスのことです。入浴、排せつ、食事など日常生活上の世話の他、機能訓練および療養上の世話を受けることができます。ただし、居宅療養管理指導（通院困難な居宅要介護者のもとへ医師などが訪問して療養上の管理や指導を行うこと）以外のサービスは受けることができず、介護サービスの外部委託もありません。

地域密着型特定施設入居者生活介護を行う施設には機能訓練指導員と計画作成担当者が配置されていることが特徴です。計画作成担当

者は、地域密着型特定施設サービス計画を作成します。サービス内容はそれぞれの利用者の心身の状態に合わせて提供される必要があるため、利用者の能力などを評価して抱える問題点を明らかにし、本人や家族の要望もふまえて作成されます。この計画をもとに、利用者が自立した日常生活を送れるようにするためのサービスが提供されます。

● 認知症対応型共同生活介護・介護予防認知症対応型共同生活介護

　認知症のある要介護者が5〜9人で共同生活するグループホームで行われる介護サービスを**認知症対応型共同介護**といいます。特別養護老人ホームなどの大型施設に併設されている場合が多く、利用者は、家庭的な雰囲気や地域住民との交流など、住み慣れた環境の中で生活を送ることができます。

　利用料は、要介護度に対応して決定され、認知症であることを示す主治医の診断書が必要です。また、認知症であっても、その原因となる疾患が、急性の状態にある場合は入居できません。

　なお、**介護予防認知症対応型共同生活介護**は、認知症対応型共同生活介護と違い、日常生活上の世話ではなく支援を行い、利用者の生活機能の維持または向上をめざします。このサービスを利用できるのは要支援2の場合に限られます。

● 認知症対応型通所介護・介護予防認知症対応型通所介護

　自宅で生活している要介護者にデイサービスセンターなどに通ってもらい、入浴、排泄、食事などの介護や機能訓練を実施するのが**認知症対応型通所介護**です。自宅で生活している利用が、施設において日常生活上の世話や機能訓練を受けることで、社会的孤立感を解消できます。また、利用者の家族の負担を減らすこともできます。利用料金には、単独型、併設型、共有スペース活用型などの区分があります。

　介護予防認知症対応型通所介護では、軽度の認知症高齢者が共同

生活をするグループホームの共用スペースを利用し、通所介護サービスが提供されます。利用できるのは、居宅の要支援者に限られます。認知症対応型通所介護との違いは、日常生活上の世話ではなく支援を通して、利用者の生活機能の維持または向上をめざす点です。

● 定期巡回・随時対応型訪問介護看護

定期巡回・随時対応型訪問介護看護とは、訪問介護と訪問看護のサービスを一体的に24時間体制で提供する制度です。1つの事業所で訪問介護と訪問看護を一体的に提供するタイプ（介護・看護一体型）と、同じ地域の訪問介護を行う事業所と訪問看護事業所が連携してサービスを提供するタイプ（介護・看護連携型）があります。

身体介護サービスを中心に一日複数回のサービスを行うことを想定した制度で、要介護者を対象としています。利用者からの通報により、電話などによる応対・訪問などの随時対応が行われます。通報があってから、30分以内に訪問できるような体制を確保することを目標としています。利用者の通報に対応するオペレーターは、看護師、介護福祉士、医師、保健師、准看護師、社会福祉士または介護支援専門員の資格者であることが求められています。

2013（平成25）年10月において、このサービスを行う事業所は一体型・連携型合わせて353か所でした。しかし2015（平成27）年11月には、755か所と増加傾向にあります。このサービスを利用することで、中重度者でも施設に入所することなく、住み慣れた環境で安心して過ごす事が可能になるため、今後さらに利用の増加が見込まれます。

● 複合型サービス

複合型サービスとは、1つの事業所が複数の在宅サービスを組み合わせて提供するサービスのことです。中重度の要介護者が、できるだけ長く在宅での生活を維持できるよう、平成24年度に創設されまし

た。中重度の要介護者は、医療的ニーズが高まることから、現在は「通い」「訪問」「泊まり」のサービスを一体的に提供する小規模多機能型居宅介護と、訪問看護を組み合わせる形での複合型サービスの事業所が認められています。訪問看護が組み込まれることで、ガン末期患者や退院直後で病状が安定しない人でも、在宅生活を選択できる可能性が高くなります。

複合型サービスのサービス対象は要介護者です。利用に際しては、まず利用者は複合型サービスの事業所に登録することになります。登録の定員は25名以下と定められており、職員として保健師や看護師、介護支援専門員などが従事します。複合型サービスを行う事業者は、原則として、事業所ごとに専らその職務に従事する常勤の管理者を置かなければなりません。

小規模多機能型居宅介護の場合、サービス提供の対象者は登録者だけですが、複合サービス事業所の場合、訪問看護については、「指定訪問看護事業所」の指定を持っていれば、登録者以外の利用者にもサービスを提供することができます。

■ 小規模多機能型居宅介護サービスのしくみ

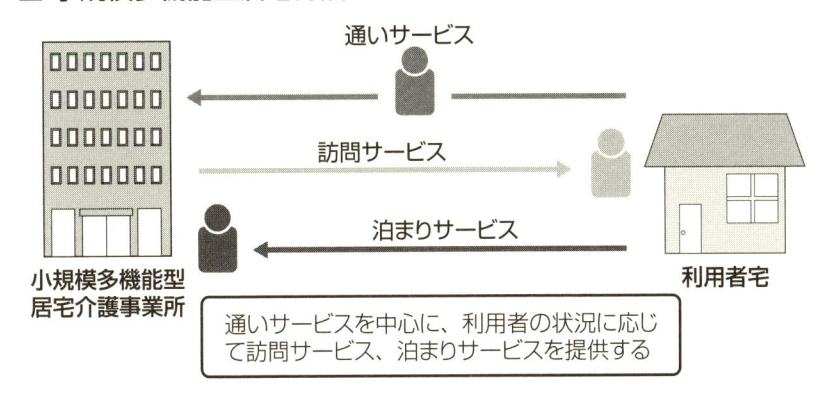

通いサービス
訪問サービス
泊まりサービス

小規模多機能型
居宅介護事業所

利用者宅

通いサービスを中心に、利用者の状況に応じて訪問サービス、泊まりサービスを提供する

17 介護サービスを利用した時の利用料について知っておこう

介護保険サービスには支給限度額が設けられている

● 在宅サービスについては支給限度額が定められている

　介護給付を受けるために認定を受けた利用者は、その認定の度合いによって受けられる給付額が異なります。このように、介護保険で利用できるサービスの費用の上限を区分ごとに定めたものを**支給限度額**といいます（月額）。支給限度額内で在宅サービスを利用した場合には、その費用の一部を利用者本人が負担します。

　介護サービスについては、1か月あたりの支給限度額（利用限度額）が定められています。

　在宅サービスについては、利用できるサービスの量が要介護度別に定められており、利用者本人が原則として利用料の1割を負担します（支給限度額、次ページ）。支給限度額を超えて利用した場合には、その超えた金額は全額自己負担になります。この支給限度額は、国が算定したものですが、各市区町村は独自に限度額を引き上げることができます。この場合、第1号被保険者の保険料が財源として使われます。

　一方、施設サービスについては、在宅サービスのような支給限度額は設定されていません。ただし、サービスの利用者は費用の一部を負担することから、介護報酬をもとにして施設サービスを利用したときにかかる費用の目安を割り出すことができます。

　なお、生活保護者や年間収入が低額の者、または資産がない者、家族に扶養されていない者などの「低所得者」の場合は、市区町村に申請することで社会福祉法人のサービスを利用することが可能になり、一部負担金を軽減することができます。ただし、介護保険料の滞納がないなどの一定要件を満たすことが必要です。

● 一定所得以上の者は自己負担割合が２割になる

　介護保険制度が始まって以来、介護給付費・介護予防サービス費の利用者負担は、ずっと一律で１割負担でした。

　しかし、2015（平成27）年８月から、この負担割合が変更され、相対的に負担能力のある、所得が一定以上の人の自己負担割合が、１割から２割に上がりました。被保険者の上位20%にあたる合計所得が160万円以上（単身で年金収入のみの場合、280万円以上）の人が対象となる予定です。

　しかし、被保険者の上位20%の中に占める要介護者の割合が低いため、実際にこの変更の影響を受ける人は、それほど多くはありません。在宅サービス利用者のうち15%程度、特養入所者のうち５%程度と予想されています。また、利用者負担には月額上限があるため、対象者の全員が２倍になるわけではありません。

　この変更の背景にあるのは、団塊の世代の高齢化です。今後、介護費がさらに膨らむ事が予想されるため、それに対応するために利用者負担を増やす必要があります。保険料の上昇を抑え、介護保険制度をできる限り持続させるためには、さらなる負担増や給付効率化が必要という声も上がっています。

■ 在宅サービスの利用料の自己負担額・目安

要支援度・要介護度の区分	在宅サービスの支給限度額（月額）	支給限度額まで利用した場合の自己負担額（月額）	一定以上の所得者の自己負担額（月額）
要支援1	50,030円	5,003円	10,006円
要支援2	104,730円	10,473円	20,946円
要介護1	166,920円	16,692円	33,384円
要介護2	196,160円	19,616円	39,232円
要介護3	269,310円	26,931円	53,862円
要介護4	308,060円	30,806円	61,612円
要介護5	360,650円	36,065円	72,130円

※支給限度額・自己負担額の数値は平成27年度の金額

● 施設サービスを利用したときの食費や居住費用の扱い

　施設サービス利用者のホテルコストは、保険でまかなわれていたこともありました。しかし、在宅での介護には光熱費や家賃など自己負担ですが、施設利用者が払っているのは、要介護度に応じた1割の自己負担と毎日の食事代程度でした。この不公平をなくすため、現在は自己負担が原則となっています。**ホテルコスト**とは、施設を利用する際に生じる食費や居住費用のことです。

　施設サービス利用者のホテルコストは、施設側が利用者に対して請求することになりますが、施設間で大きな差が生じないように工夫されています。たとえば食費については、その平均的な金額を計算した基準額が設定されています。

　部屋代については、個室であるかどうかといった段階的な基準によって異なる基準額が設定されています。

　ホテルコストの自己負担は低所得者にとって負担となるため、それを軽減するための**補足給付**という制度があります。これは、入居者が市町村民税非課税世帯である場合に、申請によりホテルコストの負担額を軽減する制度です。補足給付の額は利用者負担の各段階によって異なっており、給付額が最も多い第1段階のホテルコストは、標準的な第4段階のホテルコストの3分の1です。

　しかし、補足給付の対象となる利用者が多額の預貯金を持っているなど、不公平なケースもあります。このような問題をなくすため、今後見直しが行われる予定です。見直しが実施された場合、次のケースに当てはまる利用者は、補足給付の対象外とされる可能性があります。
・一定額超の預貯金などがある場合（単身で1000万円超、夫婦世帯で2000万円超程度）
・配偶者が課税されている場合（施設入所による世帯分離後も勘案）
・遺族年金や障害年金等の非課税年金を受け取っている場合

● 高額介護サービス費の内容

　在宅サービスや施設サービスの利用料の自己負担額が高額になってしまった場合には、高額介護サービス費として、市区町村から払戻しを受けることができます。高額介護サービス費として市区町村から払戻しを受ける基準となる自己負担額の上限（月額）は、以下のように、利用者の世帯の所得状況によって段階的に設定されています。

- 第1段階（生活保護受給者、世帯全員が住民税非課税でかつ老齢福祉年金受給者）：1万5000円（個人の場合）
- 第2段階（世帯全員が住民税非課税でかつ課税年金収入額と合計所得金額の合計が80万円以下）：1万5000円（個人の場合）
- 第3段階（世帯全員が住民税非課税で利用者負担第2段階に該当しない場合）：世帯で2万4600円
- 第4段階（第1～3段階にあたらない世帯）：世帯で3万7200円

　なお、同一世帯に複数の利用者がいる場合には、その複数の利用者の自己負担額を合計した金額が上限額として計算されます。

　高額介護サービス費の払戻しを受けるためには、毎月払戻しのための申請を行う必要があります。

■ 施設サービスの利用料の自己負担額・目安

	要介護1	要介護2	要介護3	要介護4	要介護5
介護老人福祉施設（従来型個室）	580円	651円	723円	794円	863円
介護老人保健施設（Ⅰ）（従来型個室）	716円	763円	826円	879円	932円
介護療養型医療施設（Ⅰ）（従来型個室）	676円	785円	1,020円	1,120円	1,210円

※ 厚生労働省「介護報酬の算定構造」（平成26年度介護報酬改定）を基にして掲載
　表中の金額は該当施設を1日利用した場合の利用者の自己負担額の目安
　施設サービスの種類により、かかる費用は異なってくる

18 地域支援事業について知っておこう

要支援・要介護の予防や認定者の自立生活を支援する事業

● 地域支援事業とは

地域支援事業は、高齢者が要支援・要介護状態にならないよう予防するために行われる介護予防サービスや、実際に要支援・要介護状態になった場合でも、できるだけ地域で自立した生活を継続していけるように支援するサービスを提供するための事業です。地域に密着したサービスが提供できるよう、運営は各市町村が行っています。

地域支援事業は、おもに次の3つの事業で構成されています。
① 介護予防・日常生活支援総合事業（総合事業）
② 包括支援事業
③ 任意事業

このうち①の介護予防・日常生活支援総合事業（総合事業）については、近年の法改正で内容に変更がありました。

● 介護予防・日常生活支援総合事業とは

これまで存在した介護予防事業は、平成23年度より「介護予防・日常生活支援総合事業（総合事業）」に統一されました。この総合事業とは、要支援者・二次予防事業対象者に対して介護予防や生活支援のためのサービスを総合的に実施するサービスのことです。

迫りくる超高齢社会を前に、増加が見込まれている重度な要介護者が住み慣れた地域で生活することができるよう、医療や介護をはじめとしたさまざまな生活支援を地域ごとに総合サービスとして提供することを目的に定められました。

また、認知症をわずらう高齢者の増加も予想されることから、認

知症高齢者が地域で安心して生活するためのシステムとなっています。
　そして、平成26年の介護保険法の改正により、総合事業の概念が改めて見直された上で、新しく展開されることが決定しました。

◉ 新しい「介護予防・日常生活支援総合事業」とは

　平成26年の改正により、まず、従来の要支援者に対して、要支援の認定を受けた「要支援者」と、チェックリストで判断される「介護予防・生活支援サービス事業対象者」に分類されます。どちらに該当した場合も、地域包括支援センターが地域に密着した介護予防ケアマネジメントを行うことになります。
　そして、要支援者の場合は介護予防給付として訪問看護や福祉用具等の提供が行われ、その上で総合事業サービスの提供を受けます。
　総合事業では、「訪問介護・通所介護」について、より市町村との連携を強めるため、地域支援事業として実施されることになりました。
　また、訪問介護・通所介護は、その他の生活支援サービス（栄養改善目的の配食や定期的な安否確認、緊急発生時の対応など）」と合わせて「介護予防・生活支援サービス事業」に含まれます。
　介護予防・生活支援サービス事業以外の事業は、「一般介護予防事業」といい、要支援者や介護予防・生活支援サービス事業対象者以外の者でも、65歳以上であれば対象となります。
　総合事業については、現在のところ市町村がその地域の実情に応じて任意に導入するという形をとっていますが、この改正によって義務化されました。この再編は平成27年4月から開始され、平成29年3月末までの期間にすべての市町村で実施されることになっています。
　総合事業は、要支援者だけでなく要支援・要介護になるおそれのある高齢者に対してもサービスが提供できるという利点があります。
　また、ボランティアやNPOなど多様な事業者が提供主となり、配食や見守りを含めた総合的なサービスを提供することができることも

第5章　介護サービスのしくみ

特徴です。以前までは、ホームヘルパー有資格者のみが提供可能であった介護予防訪問看護サービスが、法改正により資格を持たない者やボランティアにも対応可能になりました。

● 包括的支援事業とは

　包括的支援事業は、保健師等・社会福祉士・主任介護支援専門員が配置された地域包括支援センターを中心に実施されます。専門知識や技能を活用し、夜間も含めてサービス利用者を継続して支えていきます。

　包括的支援事業には、おもに次のようなものがあります。

・介護予防ケアマネジメント業務…特定高齢者等が要介護状態になることを予防することを目的として、本人にとって適切な介護予防事業等が提供されるように支援を行います。

・総合相談支援業務…高齢者の生活上のさまざまな相談を受け付け、地域資源等につなげていくなどの支援を行います。

・権利擁護業務…虐待や認知症等によって生活上の困難を抱えている高齢者に対し、専門的・継続的な支援を行います。

・包括的・継続的マネジメント支援業務…高齢者が地域で生活していける環境を構築するため、医療機関や介護支援専門員、地域の関係機関等の連携を図り、困難事例を抱える介護支援専門員に対する助言、支援などを行います。

　これらの業務は、保健師等・社会福祉士・主任介護支援専門員が配置された地域包括支援センターが中心となり、実施しています。

● 任意事業とは

　任意事業とは、その地域の判断により任意で行うことができる地域支援事業のひとつです。

　具体的には、おもに次の3つの内容があります。

・介護給付費等費用適正化事業

都道府県により策定された「介護給付適正化計画」に基づいて、各市町村が実施する事業で、サービス利用者のニーズに応じたサービスを提供するための環境を整える役割を果たしています。
　たとえば、ケアプランの点検や住宅改修工事のチェックなどの実施が挙げられます。

・家族介護支援事業
　介護が必要な高齢者を介護する家族に対して行われる、介護についての知識や技術を習得させる講習会や、介護家族同士の意見交換や交流を行うための会を開催する事業などのことです。
　その他、高齢者の紙おむつに対する補助金の助成や、介護家族に対する慰労金の支給などの事業もあります。

・その他の事業
　介護給付費等費用適正化事業や家族介護支援事業以外の任意事業がこれに該当します。
　任意事業に決まった様式はなく、市町村は、地域の実情に応じてさまざまな事業を展開することができます。

■ 地域支援事業

地域支援事業
- 介護予防事業
- 包括支援事業
- 任意事業
- 介護予防・日常生活支援総合事業

2017年4月までに移行

要支援者に対する訪問介護・通所介護などの事業

第5章　介護サービスのしくみ　223

19 介護認定のしくみについて知っておこう

本人または家族が申請し、結果に対する不服申立てもできる

● 介護認定審査会と介護保険審査会

　介護認定審査会は、市区町村が設置するもので、3、4人の委員で構成されています。介護認定審査会のおもな業務は、要介護度認定の審査や要介護1相当の人を要支援・要介護に振り分けることです。審査は、訪問調査で作成された認定調査票と申請者の主治医が作成した意見書を基に行います。審査では、1次判定の結果の妥当性を検討し、最終的に変更するかどうかを決定します。

　一方、介護保険審査会は、都道府県が設置するもので、被保険者代表、市区町村代表、公益代表の委員がそれぞれ3人以上集まって構成されています。介護保険審査会の業務は、要介護度の判定などについてなされる不服申立てについて、その内容を審査し、結論を決めることです（次ページ図参照）。

● 介護保険の利用と申請手続き

　介護保険を利用する場合には、申請をしなければなりません。申請時に提出する申請書類には、申請者の主治医を記入する項目があります。この主治医は、被保険者の状況について記載した意見書を提出することになります。

　申請から認定までの流れは図（226ページ）のとおりです。

　要介護認定の申請を行うときには、第1号被保険者は手元にある被保険者証を添えて申請書を提出する必要があります。第2号被保険者は手元に被保険者証がありませんから、申請書だけを提出します。申請は、本人や家族の他、近くの居宅介護支援事業者（ケアプラン作

成事業者）や、地域包括支援センター、成年後見人、介護保険施設などにも依頼できます。

必要事項を書いた申請書を提出してから30日以内に、訪問調査、主治医の意見書の提出、１次判定、２次判定という手続きを経て、最終的な要介護認定が行われます。

● 誰が申請できるのか

要介護認定の申請は、市区町村などの介護保険制度を担当する窓口に対して行いますが、原則として本人が行わなければなりません。

本人が申請できない状態の場合には、家族が申請することができます。申請を行うことができる人は、本人と家族以外にもいます。たとえば、民生委員（福祉サービスを支援する者）や成年後見人が本人の代わりに行うこともできます。また、地域包括支援センターも本人に変わって申請することができます。サービスを提供する事業者では、

■ 介護認定審査会と介護保険審査会の役割

	介護認定審査会	介護保険審査会
所属	市区町村	都道府県
委員の人数	標準３〜４(５)人 （条例で定めあり）	被保険者代表者３人以上 市区町村代表者３人以上 公益の代表者３人以上で構成
委員の任期	２年	３年
業務内容	第２号被保険者がかかっている特定疾病の確認 １次判定の妥当性の審査と変更するかどうかの決定 要介護１相当と判定された申請者の振り分け 認定の有効期間の決定 介護認定審査会の「意見」を与えること	要介護認定の結果に対する不服申立てへの対応 介護給付や予防給付に関する不服申立てへの対応 介護保険料の徴収に関する不服申立てへの対応 保険料の滞納者への処分に対する不服申立てへの対応

指定居宅介護支援事業者や介護保険施設も代行可能です。

● **申請から認定までにかかる期間**

　要介護認定の申請をしてから認定されるまでの期間は30日以内とされています。更新の場合には、有効期間が切れる60日前から更新申請をすることができます。更新の時期が来ると、市区町村から更新申請の用紙が送付されるので、この用紙を更新時に提出します。

　なお、介護保険の給付サービスを受けることができるのは、申請した日からです。ただ、認定結果が予想していた度合より軽い場合や非該当となった場合には、その部分についての支払は自己負担になるので注意が必要です。非該当の場合はそもそも介護保険の対象外ですから、全額を負担しなければなりません。

■ **介護サービスを受けるまでの手続き**

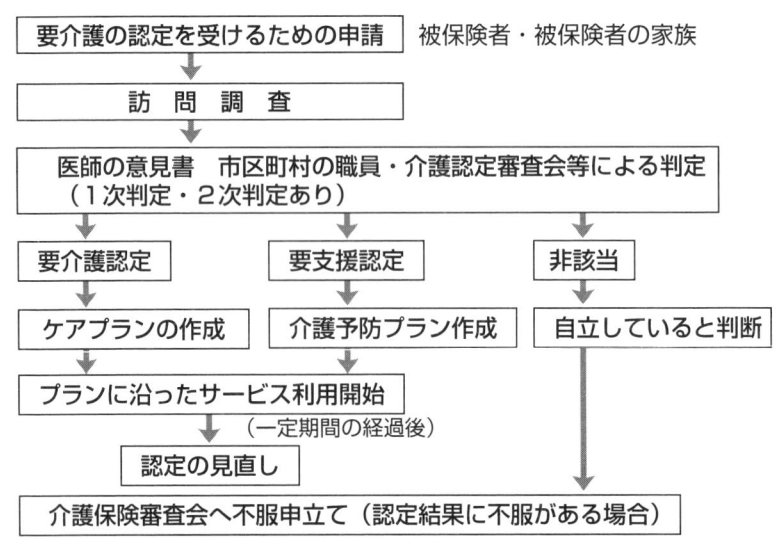

```
┌──────────────────────────────┐
│ 要介護の認定を受けるための申請 │　被保険者・被保険者の家族
└──────────────┬───────────────┘
               ▼
      ┌─────────────────┐
      │  訪 問 調 査    │
      └────────┬────────┘
               ▼
┌──────────────────────────────────────────┐
│ 医師の意見書　市区町村の職員・介護認定審査会等による判定 │
│ （1次判定・2次判定あり）                  │
└──┬──────────────┬──────────────┬─────────┘
   ▼              ▼              ▼
┌────────┐   ┌────────┐   ┌──────────┐
│要介護認定│  │要支援認定│  │  非該当  │
└───┬────┘   └───┬────┘   └────┬─────┘
    ▼            ▼             ▼
┌──────────┐ ┌──────────────┐ ┌──────────────┐
│ケアプラン  │ │介護予防プラン│ │自立していると│
│  の作成    │ │   作成       │ │   判断       │
└─────┬────┘ └──────────────┘ └──────────────┘
      ▼
┌──────────────────────────┐
│プランに沿ったサービス利用開始│
└──────────┬───────────────┘
           ▼　　（一定期間の経過後）
    ┌──────────────┐
    │ 認定の見直し │
    └──────────────┘
┌────────────────────────────────────────────┐
│介護保険審査会へ不服申立て（認定結果に不服がある場合）│
└────────────────────────────────────────────┘
```

　※　要介護・要支援の認定を受けてもその内容に不服がある場合は不服申立てを行うことができる

226

20 ケアプランについて知っておこう

指定居宅介護支援事業者に依頼する場合と自身作成の場合がある

● ケアプランを作成する場合

　ケアプランの作成には、専門的な知識が必要です。このため、ケアマネジャーは専門家としてケアプランに対するアドバイスを行います。ケアプランの作成を担う事業者を指定居宅介護支援事業者といい、事業者リストは市区町村の窓口に設置されています。

　なお、自身でケアプランを作成する場合は支給限度基準額の範囲内にサービスを抑える必要があります。作成時の注意点は、サービス利用料が償還払い方式であることです。償還払いとは、サービス事業者や施設に費用の全額を支払い、後で保険者より費用の全部または一部の払戻しを受けることで、利用時に支払った金額の領収書が必要です。

● さまざまな場合におけるケアプランの作成

　要支援・要介護認定を受けた人の手続きは、①アセスメント（ケアプランを作成する際に行う課題分析）、②ケアプラン作成、③プランに沿ったサービス利用、④再アセスメント、といった流れになります。

　とくに、要介護認定を受けた場合に受ける通所型のケアプランは、おもに要介護者自身が施設に出向きサービス提供を受ける流れで作成します。また、訪問型の場合は、おもに要介護者の自宅に事業者が出向いてサービスを提供する流れ、医療型の場合は、医療サービスを受ける必要性の高い人が利用する流れで作成します。また、施設に入所する場合には、入所先の施設がケアプランを作成します。これは施設サービス計画とも呼ばれ、自分で作成することはできず、施設に所属するケアマネジャーが作成します。施設サービスの目的は、原則とし

て要介護者の自宅への復帰であるため、各要介護者に適したケアプランを作成の上、施設のスタッフがチームを組んで目標達成に向けてサービスの提供を行います。

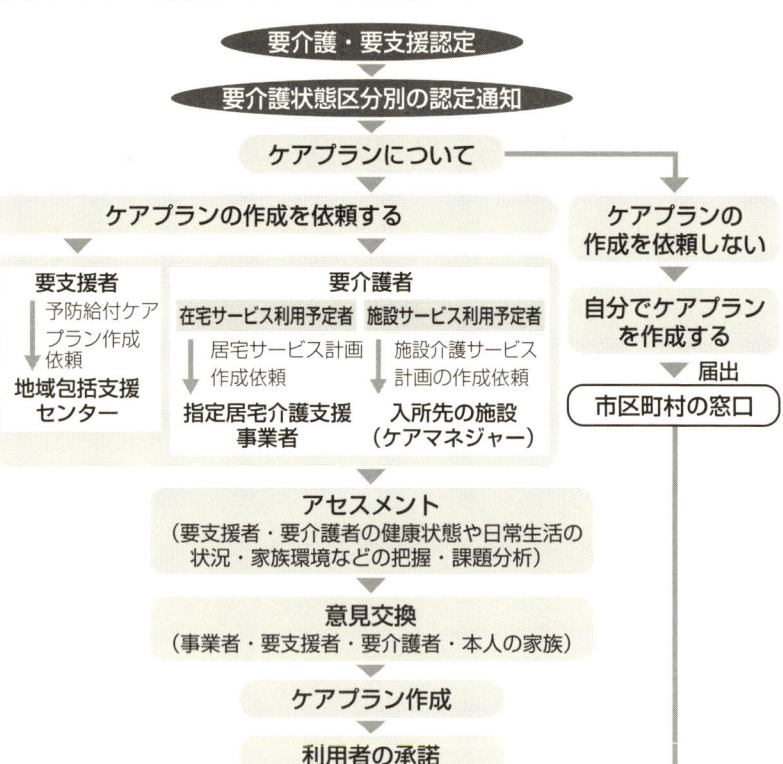

■ ケアプラン作成からサービス利用まで

```
要介護・要支援認定
        ↓
要介護状態区分別の認定通知
        ↓
    ケアプランについて
        ├──────────────────────────┐
  ケアプランの作成を依頼する       ケアプランの
        ↓                          作成を依頼しない
                                        ↓
                                   自分でケアプラン
                                    を作成する
                                        ↓ 届出
                                   市区町村の窓口
```

要支援者
 ↓ 予防給付ケアプラン作成依頼
地域包括支援センター

要介護者
- 在宅サービス利用予定者
  ↓ 居宅サービス計画作成依頼
  指定居宅介護支援事業者
- 施設サービス利用予定者
  ↓ 施設介護サービス計画の作成依頼
  入所先の施設（ケアマネジャー）

↓

アセスメント
（要支援者・要介護者の健康状態や日常生活の状況・家族環境などの把握・課題分析）

↓

意見交換
（事業者・要支援者・要介護者・本人の家族）

↓

ケアプラン作成

↓

利用者の承諾

↓

プランに沿ったサービスの提供 ←

↓

再アセスメント

↓

ケアプラン作成
⋮

21 契約を締結するときに注意すること

サービスの内容や料金などについて確認する

● 重要事項説明書

　介護サービスを利用するには、要支援者や要介護者とサービスを提供する事業者との間で契約を結ぶ必要があります。こうしたことから、事業者側は重要事項についての規程を定めることを義務付けられています。

　重要事項とは、事業の目的や運営方針、スタッフの職種・職務内容・配置人数、サービス内容、利用料金や費用、営業日と営業時間、サービスを提供する地域、緊急時や事故発生時の対応方法などです。

　また、事業者は、契約に先立って重要事項説明書を利用申込者に渡した上で説明することが義務付けられています。重要事項説明書には、重要事項を定めた運営規程の概要、スタッフの勤務体制、サービス選択時に有効な情報などが記載されています。

　とくにサービス内容に関する事柄と料金や費用については、しっかりと確認するようにしましょう。利用者負担金について、金額と内容が明らかにされているかどうか、利用料金や費用の金額、支払方法、キャンセル料についても確認します。また、解約や更新についてもチェックが必要です。

　サービスが、契約と異なる内容の場合には、まずその事業所が設置している窓口に対して苦情を申し入れるようにします。事業者には、利用者からの苦情に迅速かつ適切に対応するために必要な措置をとること、また苦情の内容と事故などが発生した場合にはその状況と対応策を記録することが求められています。苦情を申し入れる際には、具体的にどのような点が契約と異なっているのかを明らかにし、改善を

求めるようにしましょう。

◉ 苦情を申し立てる場合

　実際に苦情を申し立てる場合、まずは、不満点や契約と異なる内容などについての現状を把握し、自分が事業者に求める内容を明確にします。その上で、サービスを提供する事業者に対して苦情を申し立てます。苦情を受けた事業者の改善策が功を奏した場合には、この段階で解決する場合があります。解決しなかった場合には、市区町村の窓口に申し出ます。申し出を受けた市区町村は、該当する事業者に対して、指導したり助言を与えるといった対応をとります。また、苦情があったことは、市区町村から国民健康保険団体連合会（通称国保連）に報告されます。

■ 苦情について

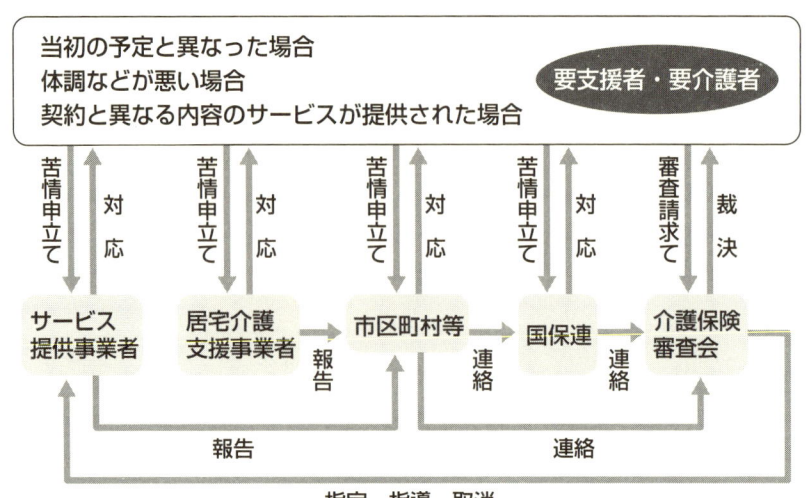

当初の予定と異なった場合
体調などが悪い場合
契約と異なる内容のサービスが提供された場合

要支援者・要介護者

苦情申立て → サービス提供事業者 → 対応
苦情申立て → 居宅介護支援事業者 → 対応
苦情申立て → 市区町村等 → 対応
苦情申立て → 国保連 → 対応
審査請求 → 介護保険審査会 → 裁決

居宅介護支援事業者 → 市区町村等（報告）
市区町村等 → 国保連（連絡）
国保連 → 介護保険審査会（連絡）
介護保険審査会 → サービス提供事業者（報告）
市区町村等 → サービス提供事業者（連絡）
指定・指導・取消

230

第6章

財産管理が必要になったときの制度

1 財産を管理するための方法にはどんなものがあるのか

本人の状況、必要な支援の程度と期間・費用等を総合的に考える

● 財産管理についての情報を手に入れる

　実際に財産管理を他人に委ねることを考えたとき、また将来の自分や家族の生活を安定させようと考えたとき、どの制度を利用すればよいのか、わからなくなることもあると思います。専門家に相談したり、自治体の相談窓口に相談する前に、ある程度自分で理解しておくことは、さまざまな場面で役立ちます。各地域の福祉相談窓口や専門家による支援センター、法務省や厚生労働省といった政府機関のホームページでも各制度についてわかりやすく説明がなされています。こうしたホームページも参照してみるとよいでしょう。

● 財産管理を人に頼みたい場合の手段

　自分の財産管理を他人に頼みたいと思った場合に、信託、法定後見、任意後見、財産管理委任契約、といった複数の方法が考えられるため、どの制度を利用すればよいか迷うかもしれません。

　この場合、まずは現時点での判断能力の有無によって分けて考えるとわかりやすいでしょう。

・現時点で判断能力が十分ある場合

　「今のところ判断能力は十分だが、少しずつ物忘れが増えてきているため、今のうちに自分の将来に備えておきたい」と考えているケースでは、現時点では判断能力に問題がないため、法定後見制度を利用することができません。

　このような場合、任意後見契約や財産管理委任契約を結ぶか、信託を利用することが考えられます。

この場合、判断能力が実際に不十分になってから他人の支援を必要とする場合には任意後見契約を考え、判断能力が十分な現時点から財産管理を他人にまかせたい場合には原則として財産管理委任契約を結ぶのが妥当でしょう。信託については、契約の定め方によってはどちらの場合にも利用することができますが、金融機関などのサービスを利用する場合にはある程度の信託財産が必要になります。

・現時点で判断能力が不十分な場合

　判断能力が不十分な状態の場合、法定後見制度の利用を考えてみましょう。他の制度を利用するには契約が必要になります。契約には判断能力が必要とされますから、判断能力が不十分であることが利用の前提となる法定後見制度の利用を考えるわけです。

　法定後見には後見・保佐・補助がありますが、本人の判断能力の状況とどの程度の支援を求めるかによって申し立てる種類を決めるとよいでしょう。

　とくに注意すべき点として、後見は後見人に全面的に支援を依頼することができますが、本人の判断能力の不十分さについてはかなり重度の状態が求められるということがあります。

■ 財産管理を人に委ねる方法

	現在(判断能力あり)	現在(判断能力不十分)	将来(判断能力不十分)
法定後見	利用不可	利用可能	利用継続
任意後見	任意後見契約締結可	原則契約締結不可	任意後見契約締結済みの場合、利用可能
財産管理委任契約	利用可能	契約締結能力がない場合には不可	契約締結能力がなくなった場合不可（任意後見契約を締結している場合には任意後見に移行）
信託	利用可能	契約締結能力がない場合には不可	判断能力があるときに信託契約を結んでいた場合にはその内容に従って運用される

第6章　財産管理が必要になったときの制度

また、保佐や補助はある程度支援内容を自由に定めることができますが、補助の場合には鑑定書が不要というメリットがあります。鑑定書の作成には結構な費用と時間がかかりますから、判断能力がある程度残っているような場合には補助開始の申立てをする方法を検討するとよいでしょう。

● 生前契約と死後事務委任契約

　生前契約とは、本人が生前のうちに、葬儀の予算や内容、所持品の処分方法など死後の事務について、引き受けてもらえる専門の事業者と契約しておくことをいいます。

　また、自分の死後に生じるさまざまな手続きを第三者に行ってもらうように定める契約を**死後事務委任契約**といいます。

　死後事務委任契約の結び方は大きく2つに分かれます。1つは、単独で契約する場合です。一方、財産管理委任契約の特約事項として、死後事務委任契約を含める方法も考えられます。この場合、財産管理委任契約の受任者に、死後事務についても依頼することになります。

● 見守り契約とは

　任意後見制度が始まるまでの間、支援する人と本人が定期的に連絡をとる契約を一般に**見守り契約**といいます。

　任意後見制度を利用する場合、判断能力がある時に支援してくれる人との間で任意後見契約を交わしますが、実際に任意後見が開始するのは、本人の判断能力が衰えてからになります。つまり、「何年の何月何日から任意後見契約が始まる」とは約束できませんし、すぐにそれと判断できるかも不明です。場合によっては契約をしてから数十年顔を合わせないような状況もあり得ます。定期的に本人と支援する人が連絡をとる見守り契約を結ぶことは非常に有効です。

2 成年後見制度とはどんな制度なのか

判断能力の衰える前後が基準になる

● 判断能力が不十分な人を助ける制度である

成年後見制度とは、精神上の障害が理由で判断能力が不十分な人が経済的な不利益を受けることがないように、支援してもらえる人(成年後見人等と呼ばれます)をつける制度です。精神上の障害とは、知的障害や精神障害、認知症などです。

成年後見人等は、本人の身の回りの事柄に注意しながら、本人の生活や医療、介護といった福祉に関連した支援や管理を行います。

成年後見人等が行う支援とは、本人に代わって不動産の売買を行ったり(代理)、本人が行った売買契約に同意を与えることです。権限の種類や内容はそれぞれ異なっており、保佐や補助では支援者に同意権が認められているのに対し、成年後見では支援者に同意権がないといった違いがあります。ただし、どの制度を利用している場合でも、日用品の購入などの日常生活上行う売買などは、成年後見人等の仕事の対象とはなりません。これらの行為は、本人が単独でしても取り消すことができません。なお、成年後見人等が支援できる内容は、財産管理や契約などの法律行為に関するものに限られています。食事の世話や入浴の補助といった介護関係の仕事(事実行為)は成年後見人等の仕事には含まれません。

成年後見制度は、**法定後見制度**と**任意後見制度**からなります。任意後見制度は本人の判断能力が低下する前から準備をしておいて利用しますが、法定後見制度は判断能力が実際に衰えた後でなければ利用できません。法定後見の場合には、精神上の障害や認知症などによって判断能力が不十分な人のために、家庭裁判所が選任した成年後見人

等が、本人の財産管理の支援、介護保険などのサービス利用契約についての判断など、福祉や生活に配慮して支援や管理を行います。成年後見人・保佐人・補助人の候補者が決まっていない場合、家庭裁判所が本人に適する人を選任します。その際、候補を配偶者に限らず、介護や法律の専門家など幅広い候補の中から、本人の事情を考慮して適任者を選びます。また、成年後見人等は、必要があるときには複数人が選任される場合もあります。

◉ 法定後見には3種類ある

法定後見制度は、後見、保佐、補助の３つに分かれ、本人の精神上の障害の程度によって区別されます。

① 後見

判断能力が欠けている人を対象としています。精神上の障害によって判断能力のない状態が常に続いている状況にある人を支援します。支援する人は、成年後見人と呼ばれます。

② 保佐

判断能力が著しく不十分な人を対象としています。精神上の障害によって著しく判断能力が不十分な人を支援します。簡単なことは自

■ 成年後見人等の仕事に含まれないもの

法律行為や事実行為	例
実際に行う介護行為などの事実行為	料理・入浴の介助・部屋の掃除
本人しかできない法律行為	婚姻・離縁・養子縁組・遺言作成
日常生活で行う法律行為	スーパーや商店などで食材や 日用品を購入
その他の行為	本人の入院時に保証人になること 本人の債務についての保証 本人が手術を受ける際の同意

分で判断できるものの、法律で定められた一定の重要な事項については、支援してもらわなければできないような場合です。本人を支援する人を、保佐人と呼びます。

③　補助

新しくできた類型で、精神上の障害によって判断能力が不十分な人を対象としています。本人を支援する人を補助人と呼びます。保佐と補助の違いは、本人の判断能力低下の程度です。

被補助人の場合、成年後見や保佐と比べると本人に判断能力が認められる状態ですので、補助人に認められる取消権や代理権も「申立ての範囲内」で付与されることになる点が特徴です（下図）。

● 法定後見制度の申立て

本人の判断能力が不十分である等の理由から法定後見制度を利用する場合、家庭裁判所に後見等開始の審判の申立てを行います。本人が申立てをすることができない状況の場合には、本人の配偶者や四親等以内の親族、検察官が申立てをすることができます。四親等内の親族とは、配偶者と四親等内の血族・三親等内の姻族（配偶者の親族を

■ 法定後見と任意後見における取消権と代理権

		取消権	代理権
法定後見	成年後見人	日常生活に関するものをのぞくすべての行為	財産に関するすべての法律行為
	保佐人	民法13条1項所定の本人の行為について取り消せる	申立ての範囲内で審判によって付与される
	補助人	申立ての範囲内で審判によって付与される	申立ての範囲内で審判によって付与される
任意後見		なし	任意後見契約で定めた事務について

本人から見た場合、姻族と呼びます）を指します。

　申立時には、申立書及び申立事情説明書、親族関係図、本人の財産目録及びその資料、診断書などの書類を提出します。

　申立手数料として、1件につき800円、登記手数料として2600円かかります。ともに収入印紙で納付します。その他の費用として郵便切手代、鑑定を行う場合には5～10万円程度の鑑定料が必要です。

● 手続きの流れ

　申立ての当日に、裁判所書記官が申立書および申立関係書類の点検を行い、家庭裁判所調査官あるいは参与員は申立人と成年後見人等の候補者から事実関係を確認します。この際に、本人の状況を生活や財産面、判断能力の面などから確認します。申立時に立てられた成年後見人等の候補者についての判断も行われます。後見や保佐の場合には、本人の精神状況についての医師等による精神鑑定が行われます。親族の意向についても確認をします。具体的には、申立内容や成年後見人等の候補者を親族に書面で伝えて確認します。可能な場合には家庭裁判所で本人調査を行い、本人の意向を確認します。本人が家庭裁判所に出向けない場合、本人のところに家庭裁判所調査官が出向きます。

　家庭裁判所は、鑑定・親族への意向照会・本人調査の結果から、内容について検討、判断します（審理）。審理を経て、審判をした家庭裁判所は、その審判内容を申立人と成年後見人等に送ります（審判書の送付）。審判では、申立書に書かれている成年後見人等の候補者がそのまま選任されることが多くあります。ただ、場合によっては候補者ではなく司法書士や弁護士が選任されることもあります。

　裁判所から審判書を受領してから、異議もなく2週間経過すると、審判が確定します。審判が確定すると、法定後見が開始され、法務局に法定後見開始の事実についての登記がなされます。

3 任意後見制度について知っておこう

任意後見契約は公正証書で作成しなければならない

● 任意後見契約を結ぶ

　任意後見とは、将来、自分の判断能力が衰えたときのために、受けたい支援の内容と、支援をしてもらえる任意後見人（任意後見受任者）を決めておき、あらかじめ公正証書による契約をしておく制度です。支援内容とは、不動産の売買などの財産管理や介護サービス利用時の手続きと契約などです。将来、本人の判断能力が不十分になったときに、任意後見人（任意後見受任者）などが家庭裁判所に任意後見監督人選任の申立てを行うことで、任意後見が開始されます。

　任意後見が実際に開始される前に、支援する人と本人の間で将来の後見事務について取り決める契約を**任意後見契約**といいます。

　任意後見の契約書は、本人と任意後見受任者が公証役場に出向いて、公正証書で作成します。公証役場では、本人の意思と代理権の範囲などを公証人が確認します。任意後見契約書を作成した後、公証人は、管轄の法務局に任意後見契約の登記を嘱託します。法務局では任意後見契約について、本人と任意後見受任者が誰であるか、代理権の範囲がどの程度であるか、といった内容が登記されます。

　本人と任意後見受任者の間で任意後見契約を結んだだけでは、効力は発生しません。実際に任意後見監督人が選任されたときに任意後見受任者は任意後見人となり、効力が発生します。

　任意後見監督人は、任意後見人が任意後見契約の内容に従って後見事務を行っているかどうかを監督します。

　任意後見契約には3パターンあります。1つ目は、判断能力が十分な時に将来に備えて任意後見契約を結んでおくパターンです（将来

型)。2つ目は、判断能力が十分なうちは委任契約で財産管理を委任し、判断能力が不十分になった場合に任意後見を開始するようにしておくパターンです(移行型)。3つ目は、任意後見契約を結んですぐに任意後見監督人選任の申立てを行うようなケースです。本人に判断能力がある場合で、それが低下し始めた段階で本人が気づいて、任意後見契約を結ぶものです。補助を選ぶこともできますが、任意後見制度を利用したいと考えた場合、任意後見契約を締結してすぐに効力が生じるように家庭裁判所に申立てをすることもできるのです(即効型)。

◉ 公正証書の作成方法と費用

公正証書は、公証役場で公証人が法律に従って作成する公文書です。原則として公証人は、公証役場で仕事を行っていますが、体力的な理由などで公証役場に本人が出向けないような場合、本人の自宅や入院先などに公証人の方が出向いて公正証書を作成することもあります。

任意後見契約公正証書を作成する場合には、戸籍謄本や住民票など本人であることを確認できるものを持っていく必要があります。公正証書を作成する費用は以下のとおりです。

・公正証書作成基本手数料 1万1000円
・登記嘱託手数料 1,400円
・法務局に納付する印紙代 4,000円
・書留郵便の料金 約540円
・用紙代 250円×枚数分

◉ 任意後見契約の終了

任意後見契約は、任意後見契約の解除、任意後見人の解任、本人について法定後見の開始、本人の死亡、任意後見人の死亡などにより、終了します。通常の委任契約であれば、当事者の一方の申し出あるいは両者の合意によって、いつでも解除できますが、任意後見契約は、

条件を満たした場合にはじめて解除できます。任意後見契約では、任意後見監督人が選任される前に解除する場合と選任後に解除する場合とで、条件が異なります。任意後見監督人が選任される前に解除する場合には、本人か任意後見受任者のどちらからでも解除できます。解除を申し入れる場合、公証人の認証を受けた解除通知書を相手に送る必要があります。認証とは、署名や署名押印、記名押印が本人のものであることを公証人が証明することです。任意後見監督人選任後に解除する場合は、解除するのに正当な理由や事情がある場合に、家庭裁判所の許可を受け、解除できます。

　任意後見人の解任は、本人や本人の配偶者や親族、任意後見監督人、検察官が家庭裁判所に請求できます。任意後見人が職務を行うにはふさわしくないと判断された場合に解任されます。

　本人や任意後見人が死亡した場合、契約終了となります。任意後見人が破産手続開始決定を受けた場合や、任意後見人自身が後見開始の審判を受けた場合にも、任意後見契約は終了します。

■ 任意後見契約利用のポイント

	将来型	移行型	即効型
財産管理の方針・制度利用の目的	将来判断能力が低下したときになってはじめて支援を頼む	将来判断能力が低下したときはもちろん、判断能力のある現在から支援を頼む	すでに判断能力が落ちつつある現在からすぐに支援を頼む
任意後見契約締結時の状態	判断能力が十分にあり、自分のことは自分ですべて行える	現在、判断能力は十分にある	現在、判断能力が落ちてきているが、任意後見契約の締結を行う能力はある
契約締結後の動き（実際に行うこと）	任意後見契約を締結するにとどまる。将来判断能力が低下したときに、任意後見監督人選任の申立てを行う	任意後見契約と委任契約を同時に結んでおき、早速、委任契約に基づいて財産管理を委ねる	任意後見契約を締結してすぐに任意後見監督人選任の申立てを行い、任意後見を開始する

4 財産管理委任契約・任意代理契約について知っておこう

自分にかわって財産を管理してもらう契約

● 財産管理委任契約とは

　判断能力が衰える前から、財産管理などを信頼できる人に任せたい場合には、自分に代わって財産を管理してもらうように**財産管理委任契約**を結びます。任せる人に代理権を与えることから、任意代理契約と呼ばれることもあります。財産管理委任契約では、財産管理の他に身上監護の事務を任せる契約を結ぶことができます。なお、任意後見契約と同時に財産管理委任契約も結ぶことができます。

● 財産管理委任契約の依頼内容

　財産管理委任契約で委任を受けた人のことを受任者といいます。財産管理委任契約で受任者に委任（依頼）する内容として定める事項は大きく2つに分かれます。1つは財産管理、もう1つは身上監護（生活・療養看護に関する事務のこと）と呼ばれるものです。

　財産管理とは、受任者が本人の財産を適切に管理することをいい、具体的には銀行での現金の引出し・預入れ・振込、家賃・電気・ガス・水道・電話代などの支払い、保険の契約・解約、保険金の請求といった事項のことを意味します。

　一方、身上監護とは、医療や介護など、本人の心身を守るために必要なサービスの利用に関わる事務処理をいいます。介護などの身の回りの世話を行うこと（事実行為）は、身上監護の範囲の中には含まれていませんので、注意しましょう。身上監護の具体例は以下のとおりです。

・入院するときの手続き

・介護施設に入所するときの手続き
・入院中・退院時に必要となる手続き
・介護保険の要介護認定の申請
・介護サービスの利用時に必要な手続き
・介護サービスの内容の変更、解除、契約更新など
・医療・介護サービスを利用したときの費用の支払い

● 財産管理委任契約締結のメリット

　銀行などの金融機関の口座から多額の現金を引き出す場合、本人確認が必要になります。定期預金口座の解約や多額の振込を行う場合も同様です。

　このような本人確認が必要な行為を本人以外の者が行う場合には、本人が交付した委任状が必要になります。また、役所で戸籍関係の書類や住民票などの交付を本人以外の者が請求する場合も、原則として委任状が必要になります。

　しかし、財産管理委任契約は手続きの代行等を包括的に委任するので、結んでおくと、個々の手続きのたびに新たな委任状を作成する手間が省けます。契約後に本人が寝たきり状態になり、委任状を作成

■ 財産を管理するための生前・死後の手段

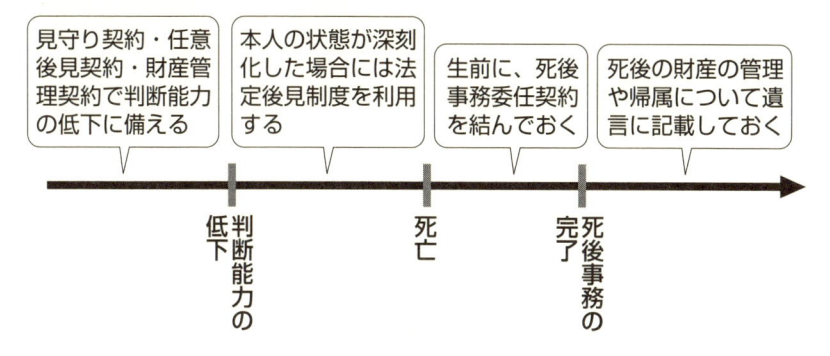

| 見守り契約・任意後見契約・財産管理契約で判断能力の低下に備える | 本人の状態が深刻化した場合には法定後見制度を利用する | 生前に、死後事務委任契約を結んでおく | 死後の財産の管理や帰属について遺言に記載しておく |

判断能力の低下 → 死亡 → 死後事務の完了

第6章　財産管理が必要になったときの制度

できない状況になったとしても、受任者は本人のために手続きをすることができます。

とくに子が複数いる場合には、契約を結ぶメリットは大きいでしょう。身内に財産を危うくするような者がいる場合には、信頼のおける人に委任することで、自分の財産を守ることができます。子のうちの一人に財産管理や療養看護を任せた場合に、その子が親の委任を受けて行っていることを、他の子をはじめとする周囲に対して、示すことができるからです。これによって、受任者である子は気兼ねなく親の手助けをすることができますし、親も他の者との兼ね合いを考える必要がなくなります。

◉ 財産管理委任契約締結の注意点

財産管理委任契約の受任者を選ぶときに一番の基準とすべきことは、「その人が信頼できる人かどうか」ということです。候補者が専門家の場合には、月ごとに数万円程度の報酬を支払うことになりますから、遠慮したり妥協したりせずに、依頼内容にあった専門家を選ぶようにしましょう。

また、「受任者に権限を与えすぎない」ことも大事です。とくに、財産管理を委任する場合には、財産の処分までは権限に含めないようにすべきでしょう。

◉ 財産管理委任契約書の上手な作り方

財産管理を頼む相手が決まると、受任者に依頼する項目や付与する権限を定める財産管理委任契約を締結することになります。契約書は当事者間で自由に作成することもできますが、法律の専門家である公証人に作成してもらうことで後々のトラブルを防ぐことが可能になります。

5 信託を活用するという方法もある

委託者、受託者、受益者がいる

● どんなしくみなのか

　信託とは、簡単に言えば、他人を信じて何かを託すということです。信託契約では、何かを他人に依頼する者を委託者、依頼される者を受託者、信託契約によって利益を受ける者を受益者といいます。

　たとえば、高齢のAさんとAさんの孫でまだ小学校にも行っていないBさんが一緒に暮らしていたとします。AさんとBさんには他に身寄りはありませんでしたが、Aさんには多額の貯金があり、Bさんを育てることは可能でした。

　しかし、Aさんは高齢で、いつ死んでしまうかわからないので、貯金をCさんに預けてBさんが成人するまでBさんの世話をCさんに頼むことに決めました。このとき、AさんとCさんの間で締結される契約が信託契約です。CさんはAさんの依頼を受け、Aさんの財産を使ってBさんを養育します。この信託契約では、Aさんが委託者、Cさんが受託者、Bさんが受益者になります。

● 信託の性質について

　委託者の財産を受託者に移転することで信託が行われます。そのため、財産の名義は委託者から受託者に変更されます。委任契約（何かを行うことを依頼する契約のこと）や寄託契約（物を預けて保管することを内容とする契約のこと）を締結しただけでは、財産の名義人が移転することはありません。財産の名義人が移転するという点は、信託の特徴だといえます。

　また、受託者に対して厳しい義務と責任を課すことで、委託者は

第6章　財産管理が必要になったときの制度　**245**

安心して受託者と信託契約を締結することができます。そのため、信託法では、受託者に対してさまざまな義務と責任を課しています。

さらに、信託契約に基づく受託者から、確実に受益者が受益権に基づく配当を受け取ることができるように配慮されています。

● さまざまな種類の信託がある

現時点で判断能力に問題がない人や子の将来のために財産を遺したい人は信託による財産活用が可能です。

信託は、金銭や土地などの財産を活用する制度ですので、あらかじめ計画を立てて財産を用意しておくことも必要でしょう。信託には遺言代用信託、受益者連続信託、特定贈与信託などさまざまな制度があります。また、成年後見制度との関係では後見制度支援信託を活用することもできるため、信託のしくみや種類を知っておくことが大切です。

● 遺言による信託とは

信託契約の他に、遺言を利用することでも信託を行うことができ

■ 信託のしくみ

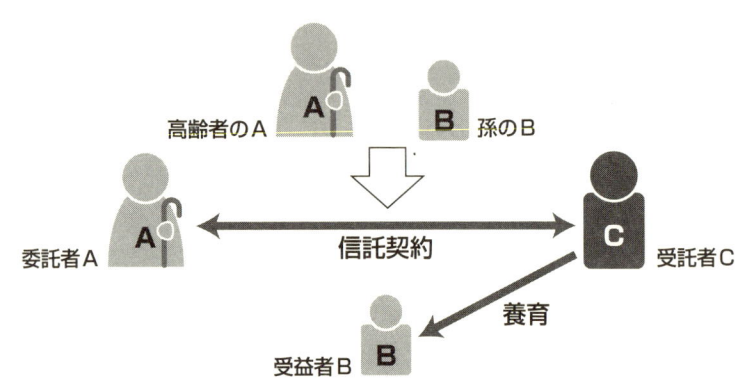

ます。遺言は、死亡した人が残したメッセージであれば何でもよいというわけではありません。原則として、自筆証書遺言、公正証書遺言、秘密証書遺言のいずれかの方式に従って作成された遺言であることが必要です。ただし、遺言により受託者を指定しても、その人が受託者になることを承諾しなければ、その人は当然には受託者にはなりません。そして、受託者になる人の承諾を得ているのであれば、通常、遺言による信託をする必要はありません。遺言による信託の場合は受託者の承諾を得る必要がありますが、あらかじめ受託者の承諾を得ているのであれば、わざわざ遺言による信託をしなくても通常の信託をすればよいからです。そのため、遺言による信託という方式を利用するメリットは少ないといえます。

なお、多くの信託銀行では、遺言信託という業務を扱っています。遺言信託では、遺言の作成・保存を行ったり、遺言執行者として遺言の内容を実現するという業務を行っています。銀行は遺言の内容の実現するための業務を行いますが、遺言により信託が設定されているわけではありません。前述した「遺言による信託」は遺言を使って設定される信託ですので、この点で遺言信託と遺言による信託は異なっています。ただし、遺言執行者として適任者がいない場合などに、遺言

■ **遺言による信託のしくみ**

委託者

遺言 → 受託者を指定 → 受託者が承諾 → その人が受託者になる

　　　　　　　　　　→ 受託者が拒絶 → 申立てを行い、裁判所が受託者を選任

第6章　財産管理が必要になったときの制度

の執行を依頼することができるなど、信託銀行の遺言信託を活用するメリットもあります。

● 遺言代用信託とは

遺言代用信託とは、たとえば自分が生きている間は自分を受益者として生活費を信託財産の中から受け取り、自分が死んだ後は家族等を受益者とする形式の信託です。

遺言代用信託を活用すれば、自分の死後の財産分配を円滑に行うことができます。遺言代用信託とは、①委託者が死亡した際に受益者が受益権を取得する内容の信託、②委託者の死亡後に受益者が財産を受け取る内容の信託、この2つの信託を内容とします。遺言代用信託を行った場合、委託者は死亡するまで受益者を変更することができます。また、「委託者の死亡後に受益者が財産を受け取る」という内容の信託の場合、原則として委託者が死亡する前は、受益者は受益者としての権利を有しません。

遺言代用信託は、前述した遺言による信託とは意味合いが異なります。遺言による信託を行う場合には、民法の遺言に関する規定に従う必要があります。これに対して、遺言代用信託の場合は、信託契約を締結する方法で行います。また、遺言による信託の場合には受託者に指定した者が本当に受託者になってもらえるとは限りません。しかし、遺言代用信託の場合には、委託者が生きているうちに受託者を指定するので、指定した者が受託者になってくれないということはありません。

このような観点からすると、遺言による信託よりも遺言代用信託の方が使い勝手がよいといえます。

6 遺言で財産を指定することもできる

遺言は人の最終意思である

● 遺言とは何か

相続といえば、民法が定める法定相続分の規定が原則と考えている人が多いようです。しかし、それは誤解です。遺言による指定がないときに限って、法定相続の規定（民法900条）が適用されます。つまり民法では、あくまでも遺言者の意思を尊重するため、遺言による相続を優先させています。

遺言というと、「兄弟仲良く暮らすように」といった言葉をイメージしがちですが、法律上重要な意味をもつのは、遺言者（非相続人）がのこす財産の処分です。

相続分の指定だけでなく、遺言で遺産の分割方法を指定したり、相続人としての資格を失わせたり（廃除）することもできます。このように、遺言の中でとくに重要な内容となるのは、遺産相続に関する事柄です。この他、子を認知することや未成年後見人を指定することも、遺言によって行うことができます。

これらの事柄について書かれた遺言には、「法律上の遺言」として法律上の効果が認められます。しかし、たとえば、「兄弟仲良く暮らすように」「自分の葬式は盛大にやってくれ」などといった遺言を書いたとしても法律上は何の効果もありません。

● 遺書にはどんな種類があるのか

遺言には、普通方式と特別方式がありますが、一般的には普通方式によることになります。普通方式の遺言は、自分でいつでも自由に作成できます。一方、特別方式の遺言は、「死期が迫った者が遺言を

第6章 財産管理が必要になったときの制度 249

したいが普通方式によっていたのでは間に合わない」といったケースで認められる遺言です。具体的には死亡の危急に迫った者の遺言、伝染病隔離者の遺言、在船者の遺言、船舶遭難者の遺言があります。普通方式の遺言にはさらに自筆証書遺言、公正証書遺言、秘密証書遺言の3つがあります。実務上秘密証書遺言はほとんど利用されていません。そのため、遺言書の作成は、自筆証書遺言か公正証書遺言によることになります。

① **自筆証書遺言**

遺言者自身が、自筆で遺言の全文と日付、氏名を書き、押印した遺言状です。他人の代筆やワープロで作成したものは無効となります。簡単で費用もかかりませんが、紛失や偽造・変造の危険があります。

② **公正証書遺言**

公証人が作成する遺言状です。遺言者が証人2人の立ち会いの下で口述した内容を、公証人が筆記し、遺言者と証人が承認した上で、全員が署名・押印して作成したものです。手続きに不備があると無効になります。

● 遺言による相続分の指定

民法には、誰が相続人になるかによって、相続財産の分け方の割合が定められています。たとえば、相続人が妻と子2人の合計3人である場合の相続分は、妻が2分の1、子が4分の1ずつになります。この法定された相続分のことを**法定相続分**といいます。

これに対して、指定相続分とは、被相続人が遺言で指定した相続分のことをいいます。被相続人は、遺言によって法定相続分と違う相続財産の分け方の割合を決めることができるのです。たとえば、前述の例の場合であれば、妻に2分の1、子の1人に2分の1を相続させ、もう1人の子には相続分を指定しないということもできるわけです。ただし、個々の遺言について指定された相続分が法定相続分より多い

資料　遺言書作成の仕方

遺言書

> 遺言書とわかるようにはっきりと「遺言書」と書きます

　遺言者○○○○は本遺言書により次のとおり遺言する。
1　遺言者は妻○○に次の財産を相続させる。

> 相続人に対しては「相続させる」、相続人以外に対しては「遺贈する」と書きます

　①　遺言者名義の土地
　　　所在　静岡県伊東市一碧湖畔二丁目
　　　地番　25番
　　　地目　宅地
　　　地積　100.25平方メートル

> 土地や建物の表示は登記簿に記載されているとおりに記載します

　②　○○銀行○○支店遺言者名義の定期預金（口座番号×××××）すべて
2　遺言者は、東村和子（東京都世田谷区南玉川1－2－3、昭和30年8月23日生）に、遺言者の東都銀行玉川支店の普通預金、口座番号1234567より金弐百万円を遺贈する。

> 受遺者の氏名、生年月日、遺贈する財産を記入します

3　その他遺言者に属する一切の財産を妻○○に相続させる。

> 具体的に記載しなかった財産の相続人についても記載しておきます

4　本遺言の遺言執行者として次の者を指定する。
　　　住所　東京都○○区○○町○丁目○番○号
　　　氏名　○○○○

> 遺言執行者を指定する場合には遺言執行者の住所・氏名を書きます

> 金銭の場合には支店名・口座番号も記載しておきます。改ざんを防ぎたい場合には算用数字より多角文字を使用した方がよいでしょう

5　付言事項
　　妻○○は、苦しい時代にも愚痴ひとつこぼさず、ひたすら遺言者を支え続け、子どもたち2人を立派に育ててくれた。子どもたち2人はこれからも、お母さんの幸せを温かく見守ってやってほしい。

> 家族への思いなどについては、最後に「付言事項」として書き残します

平成○○年○月○日
　　　　　　　　　東京都○○区○○町○丁目○番○号
　　　　　　　　　　　遺言者　○○○○　㊞

> 作成日付・遺言者の住所・氏名を、正確に記載し、押印します

第6章　財産管理が必要になったときの制度

場合は、多い分が特別受益として相続分から差し引かれることになります。つまり、相続財産の中に指定がされていない部分が残っている場合、その部分は通常は法定相続分で分けるのですが、特別受益分まではその分け前を受けることができないことになっているのです。

● 遺贈について

遺贈とは、遺言による財産の贈与のことです。遺言の制度は、被相続人の生前における最終の意思を法律的に保護し、その人の死後にその実現を図るために設けられているものです。

自分の死後のことについて、生前に財産分けを口にすると、かえってトラブルになることもありますし、生前には伝えたくないこともあります。そこで、民法は遺言の制度を設けました。

遺言は、民法で定められた一定の様式を備えた遺言書を作成しておいた場合にのみ法的な効果が与えられます。

遺言に記載される事項は、一般には財産の処分に関することがほとんどです。財産を与える人（遺言をした人）を遺贈者といい、財産をもらう人を受遺者といいます。遺贈は遺贈者から受遺者への財産の贈与ですが、人の死亡を原因として財産を取得するという点では相続と同じですから、受遺者には贈与税ではなく相続税が課税されます。

受遺者は、遺贈者が自由に決めることができます。妻や子など相続人はもちろん、相続権のない孫や兄弟、血縁関係のない第三者でもかまいません。会社など法人に対して遺贈をすることもできます。

ただし、遺贈をするにあたっては、遺留分に注意しなければなりません。**遺留分**とは、兄弟姉妹を除く法定相続人に決められた法律上最低限相続できる割合のことです。遺留分を侵害した財産処分は、後日、遺留分減殺請求（遺留分が侵害されたとわかったときに、遺贈や贈与を受けた相手方に、財産の取戻しを請求すること）が起こされ、かえってトラブルが生ずる恐れがあります。

Column

病気やケガで障害を負った人に給付される年金

　障害年金は、病気やケガで障害を負った人に対して給付される年金です。障害年金には老齢年金より給付条件が緩いという特徴があり、障害の度合いに応じて障害厚生年金だけを受け取ることが可能です。

　障害基礎年金は、障害等級1級か2級でないと受給できないのに対し、障害厚生年金には1級・2級に加え3級と、一時金である障害手当金の制度があります。障害等級1級・2級に該当する場合は障害基礎年金が支給され、さらに厚生年金保険に加入していた場合は、障害厚生年金が上乗せして支給されます。そのため、障害等級1級、2級に該当せず、障害基礎年金を受給できない場合でも、厚生年金加入者であれば3級の障害厚生年金や障害手当金を受給できます。

　障害基礎年金の受給資格者は、国民年金の加入者か、老齢基礎年金をまだ受け取っていない60〜65歳の人で、一定の条件の下で障害等級が1級か2級と認定され、さらに国民年金の保険料の滞納が3分の1未満の人です。支給額は、加入期間の長短に関係なく障害の等級によって定額です。一定期間ごとに見直しが行われており、平成27年度からは、1級が年額97万5,125円（2級の125％）、2級が年額78万100円（老齢基礎年金の満額と同額）です。支給は、障害認定日から支給されます。

　障害厚生年金は、1級障害の場合は老齢厚生年金の1.25倍、2級障害の場合は老齢厚生年金と同一の金額が支給されます。障害の程度や収入に応じた金額が支給されるため、障害厚生年金の支給額は、その人の障害の程度や収入に応じて異なります。

　障害手当金は、初診日に被保険者であった者が、初診日から5年を経過する日までの間に病気やケガが治った日に一定の障害状態に該当すれば支給されます。ただし、障害手当金を受給した場合、後に障害の程度が悪化した場合でも他の障害給付を受けることはできません。

索　引

――――――― あ ―――――――

遺言代用信託	248
遺言による信託	246
遺贈	252
移送費	51
遺族年金	85
一時扶助	130
医療券	133
医療費	132
医療費控除	162
医療扶助	133
医療保険制度	22
MSW	119

――――――― か ―――――――

介護予防支援	187
介護予防通所介護	193
介護予防通所リハビリテーション	194
介護予防特定施設入居者生活介護	196
介護予防・日常生活支援総合事業	221
介護予防認知症対応型共同生活介護	213
介護予防認知症対応型通所介護	213
介護予防訪問介護	189
介護予防訪問入浴介護	190
介護老人保健施設	205
介助扶助	134
加給年金	71
確定申告	167
家庭訪問	112
基礎控除	165
期末一時扶助	130
居宅介護支援	187
居宅療養管理指導	192
緊急払い	123
勤労控除	136
繰り上げ受給	63、69
繰り下げ受給	64、69
グループリビング	207
ケアハウス	196
ケアプラン	188、227
継続雇用制度	12

軽費老人ホーム	196
ケースワーカー	114
高額医療・高額介護合算療養費制度	46
高額療養費	42
後期高齢者医療制度	32
更正の請求	168
公的年金	56
高年齢求職者給付金	17
高年齢雇用継続基本給付金	20
高年齢再就職給付金	20
高年齢者雇用安定法	12
高齢任意加入	79、80
国民健康保険	22、33
個人年金	153
雇用継続給付	19
雇用保険	16

――――――― さ ―――――――

サービス付き高齢者向け住宅	207
財産管理	232
財産管理委任契約	242
在職老齢年金	74
最低生活費	25
裁定請求	81
差額ベット代	39
雑所得	150
死後事務委任契約	234
社会福祉協議会	123
住宅改修工事	202
住宅扶助	132
住民税	154
重要事項説明書	229
就労活動促進費	131
就労自立給付金	143
受給資格期間	61
障害者加算	117
障害年金	253
小規模多機能型居宅介護	211
ショートステイ	195
傷病手当金	28
所得	150

所得控除	162
所得税	150
シルバーハウジング	207
税額控除	166
生活困窮者自立支援法	147
生活扶助	128
生活保護基準	93
生業扶助	135
生前契約	234
成年後見制度	235
世帯合算	43
世帯分離	98
前期高齢者医療制度	31
葬祭費	52
葬祭扶助	136

·········· た ··········

第1号被保険者	176
退職所得	156
第2号被保険者	176
多数該当	44
短期入所生活介護	195
短期入所療養介護	195
地域密着型介護老人福祉施設入所者生活介護	212
地域密着型特定施設入居者生活介護	212
通所介護	193
通所リハビリテーション	194
定期巡回・随時対応型訪問介護看護	214
デイサービス	193
特別支給の老齢厚生年金	68
特別養護老人ホーム	204
特別療養費	34、35
特例退職被保険者	30
特例任意加入	79

·········· な ··········

入院時食事療養費	48
入院時生活療養費	48
任意給付	36
任意継続被保険者	22、25
任意後見	239

認知症対応型共同生活介護	213
認知症対応型通所介護	213

·········· は ··········

配偶者控除	164
配偶者特別控除	164
複合型サービス	214
福祉用具	200
扶養義務	95
扶養控除	164
扶養照会	96
振替加算	72
併給	77、78
別世帯	98
法定後見	236
法定相続分	250
法定任意給付	36
訪問介護	189
訪問看護	190
訪問看護療養費	50
訪問リハビリテーション	191
保険外併用療養費	40
保護費	144

·········· ま ··········

埋葬費	28
埋葬料	28
見守り契約	234

·········· や ··········

夜間対応型訪問介護	211
有料老人ホーム	196、198
要介護状態	178
要介護認定等基準時間	179
要支援状態	178

·········· ら ··········

離婚分割	83
療養の給付等	35、37
老齢基礎年金	59
老齢厚生年金	65

索 引 **255**

【監修者紹介】
林　智之（はやし　ともゆき））

1963年生まれ。東京都出身。社会保険労務士（東京都社会保険労務士会）早稲田大学社会科学部卒業後、民間企業勤務を経て2009年社会保険労務士として独立開業。助成金の提案や利益向上のための就業規則の提案及び作成などを手掛けている。また、セミナー講師なども積極的に行っている。
監修書に『最新版　雇用をめぐる助成金申請と解雇の法律知識』『税務調査と労働調査のしくみと対策』『総務・人事・労務・経理の仕事と手続きがわかる事典』『管理者のための　実践　労働法入門』『図解とQ&Aでスッキリ！最新　社会保険の実務マニュアル』『請負・派遣・有料職業紹介事業をめぐる法律と手続き』『「65歳雇用延長制度」のしくみと手続き』『雇用・再雇用のルールと手続き』『休業・休職をめぐる法律と書式　活用マニュアル』『会社で使う　最新パターン別　社会保険の申請書式の書き方とフォーマット101』『入門図解　労働安全衛生法のしくみと労働保険の手続き』『図解とQ&Aでわかる　職場の法律トラブルと法的解決法158』『改訂新版　雇用保険・職業訓練・生活保護・給付金　徹底活用マニュアル』『建設業の法務と労務　実践マニュアル』『管理者のための　最新　労働法実務マニュアル』『育児・出産・介護の法律と実践書式サンプル43』『給与・賞与・退職金をめぐる法律と税務』など（小社刊）がある。

さくら坂社労士パートナーズ（旧ライジング社労士オフィス）
ホームページ　http://www.rising-sr.jp/

すぐに役立つ
退職者のための
医療保険・生活保護・年金・介護保険のしくみと手続き

2016年3月10日　第1刷発行

監修者	林智之（はやしともゆき）
発行者	前田俊秀
発行所	株式会社三修社
	〒150-0001　東京都渋谷区神宮前2-2-22
	TEL　03-3405-4511　FAX　03-3405-4522
	振替　00190-9-72758
	http://www.sanshusha.co.jp
	編集担当　北村英治
印刷・製本	萩原印刷株式会社

©2016 T. Hayashi Printed in Japan
ISBN978-4-384-04670-0 C2032

®〈日本複製権センター委託出版物〉
本書を無断で複写複製（コピー）することは、著作権法上の例外を除き、禁じられています。本書をコピーされる場合は事前に日本複製権センター（JRRC）の許諾を受けてください。
JRRC（http://www.jrrc.or.jp　e-mail：info@jrrc.or.jp　電話：03-3401-2382）